Shaun das Schaf™

Mein Plätzchenbuch

COOLES
AUS DEM
BACKOFEN

Titelabbildung: Mütze © piumadaquila.com – Fotolia.com,
Plätzchen © Kheng Guan Toh – Fotolia.com
Gestaltung: hassinger & hassinger & spiler, visuelle konzepte
Gesamtherstellung: KOMET Verlag GmbH, Köln

ISBN 978-3-86941-036-4

www.komet-verlag.de

Shaun das Schaf
Mein Plätzchenbuch
COOLES
AUS DEM
BACKOFEN
KOMET

Kann ich nur empfehlen!

Marzipanfiguren 10
Sandplätzchen 12
Minzplätzchen 14
Schokoladenherzen 16
Bananensterne 18
Orangensterne 20
Nikolausstiefel 22
Schoko-Pfeffer-Sterne 24
Bärentatzen 26
Plätzchen mit Nougatcreme 28
Apfeldukaten 30
Ananasplätzchen 32
Nougatherzen 34
Schokoecken 36
Adventswürfel 38

Hat meine Omi schon gebacken …

Mohnplätzchen 42
Zimtsterne 44
Schwarz-Weiß-Gebäck 46
Spritzgebäck 48
Marzipanspekulatius 50
Vanillekipferln 52
Stutensterne 54
Printen 56
Mandelmakronen 58
Aprikosen-Kokos-Makronen 60
Pfefferkuchen 62
Baumkuchenspitzen 64
Spitzbuben 66
Spitzkuchen 68
Mürbchen 70
Nuss-Spiralen 72
Gewürzspekulatius 74
Anisplätzchen 76
Muzenmandeln 78

Für die Feinschmecker: Lebkuchen!

Lebkuchenfiguren 82
Honigkuchen 84
Elisen-Lebkuchen 86
Lebkuchenschnecken 88
Nürnberger Lebkuchen 90
Basler Leckerli 92
Pfeffernüsse 94

Echt heiß!

American Cookies	98
Cornflakes-Cookies	100
Krokantcookies	102
Feigenschnitten	104
Geleeherzen	106
Cappuccinokipferln	108
Glückskuchen	110
Brownies	112
Cranberrytaler	114
Erdnussbutterplätzchen	116
Anisfinger	118
Shortbreadfingers	120
Ingwerplätzchen	122
Baiserherzen	124
Kürbiskernsplitter	126
Weihnachtsbäumchen	128
Cashew-Walnuss-Plätzchen	130
Erdnusstaler	132
Bethmännchen	134
Zimtknusperchen	136
Haselnussmakronen	138
Mandelküsschen	140
Nussbaisers	142
Register	144

Mmh, es duftet nach Winter und Weihnachten aus der Küche. Woran das liegt? Natürlich an meinen tollen Plätzchen! Ich habe hier mal alles aufgeschrieben, was ich und die Herde besonders gerne backen, wenn der Farmer mal wieder unterwegs ist und wir die Küche stürmen können. Bei uns gibt es echt die besten Rezepte, von ganz klassisch (hat meine Omi schon gebacken) bis super trendy. Also, eben traditionelle Vanillekipferln und Zimtsterne und auch so coole Knabbersachen wie Cranberrytaler oder Cashew-Walnuss-Plätzchen. Außerdem – ihr habt es sicherlich schon gesehen – gibt's Ausstechförmchen, die so aussehen wie ich (na ja, okay, ein fieses Schwein ist auch mit dabei). Da könnt ihr viele der Rezepte einfach mit meinen Förmchen ausstechen – das ist doch mega cool! Schaut doch mal auf die Seiten 10, 42 und 82: Da zeige ich euch, wie das funktioniert. Und ich schmecke, kann ich euch sagen ...!

Kann ich nur empfehlen!

Marzipanfiguren

Die **Marzipanrohmasse** mit dem **Puderzucker**, dem **Eiweiß** und den **Mandeln** verkneten. Das **Mehl** mit dem **Backpulver** mischen und dazusieben. Alles zu einem glatten Teig verarbeiten. Eventuell noch etwas **Mehl** zugeben, wenn der Teig zu sehr klebt. Den Teig in Klarsichtfolie wickeln und im Kühlschrank etwa 30 Minuten ruhen lassen. Den Backofen auf 160 °C (Umluft 140 °C) vorheizen.

Den **Marzipanteig** auf einer bemehlten Arbeitsfläche zwischen Klarsichtfolie 4 mm dick ausrollen und Figuren ausstechen. Die **Plätzchen** auf ein mit Backpapier ausgelegtes Backblech legen und im Ofen etwa 12 bis 15 Minuten backen. Auf einem Kuchengitter auskühlen lassen. Die beiden **Kuvertüresorten** getrennt klein hacken und im heißen Wasserbad schmelzen. In jeweils eine Spritztüte aus Pergamentpapier füllen und die Figuren damit gestalten.

Für ca. 30 Stück

250 g Marzipanrohmasse

100 g Puderzucker

1 Eiweiß

50 g gehackte Mandeln

100 g Mehl

1 Tl Backpulver

je 50 g Zartbitter- und weiße Kuvertüre

Mehl für die Arbeitsfläche

Zubereitungszeit: ca. 40 Minuten
(plus Ruhe- und Backzeit)

Sandplätzchen

Für ca. 60 Stück

200 g Speisestärke

50 g Mehl

1 Vanilleschote

200 g Butter

3 Tropfen Buttervanillearoma

80 g Puderzucker

Zubereitungszeit: ca. 25 Minuten
(plus Kühl- und Backzeit)

Speisestärke und **Mehl** sieben, die **Vanilleschote** aufschlitzen und auskratzen. **Stärke** und **Mehl** mit **Vanillemark, Butter, Backaroma** und **Puderzucker** zu einem glatten Teig verkneten. Teig zu 2 Rollen von 30 cm Länge formen. Abdecken und 2 Stunden kühl stellen. Die Rollen in 1 cm dicke Scheiben schneiden. Scheiben zu Kugeln formen. Die Backbleche mit Backpapier belegen, die Teigkugeln daraufsetzen und vorsichtig mit einer bemehlten Gabel flach drücken. Die **Sandplätzchen** im vorgeheizten Backofen bei 190 °C (Umluft 170 °C) auf der 2. Einschubleiste von unten etwa 15 Minuten backen, abkühlen lassen, in Dosen verpacken.

Für ca. 45 Stück

50 g After-Eight-Täfelchen

125 g weiche Butter

50 g Puderzucker

Salz

1 Ei

250 g Mehl

1 Tl Backpulver

2 El Kakaopulver

100 g weiße Kuvertüre

Mehl für die Arbeitsfläche

Zubereitungszeit: ca. 45 Minuten
(plus Kühl- und Backzeit)

Minzplätzchen

After-Eight-Täfelchen würfeln, zusammen mit der **Butter**, dem **Puderzucker** und **Salz** in eine Rührschüssel geben und mit den Knethaken eines Handrührgeräts verrühren. Das **Ei** hinzufügen und unterrühren. **Mehl, Backpulver** und **Kakao** mischen und zum Teig geben. Alles zu einem glatten Teig verkneten und etwa 2 Stunden kalt stellen. Den Backofen auf 160 °C (Umluft 140 °C) vorheizen. Den Teig auf einer bemehlten Arbeitsfläche dünn ausrollen und mit Förmchen Plätzchen ausstechen. Diese auf ein mit Backpapier ausgelegtes Backblech setzen. Die Plätzchen auf mittlerer Schiene etwa 12 Minuten backen, danach auskühlen lassen. Die **Kuvertüre** im warmen Wasserbad schmelzen lassen und die Plätzchen damit verzieren.

Schokoladenherzen

Für ca. 60 Stück

100 g Rosinen

125 g Zartbitterkuvertüre

60 g frische Ingwerwurzel

1 Ei

60 g weiche Butter

100 g Zucker

Mark von 2 Vanilleschoten

200 g Mehl

1/2 Tl Backpulver

250 g weiße Kuvertüre

80 g Pistazien

Zubereitungszeit: ca. 50 Minuten
(plus Kühl- und Backzeit)

Rosinen fein hacken, die **Zartbitterkuvertüre** raspeln. **Ingwer** schälen und fein reiben. **Ei** verschlagen. **Butter, Zucker** und **Vanillemark** mit den Quirlen des Handrührers ca. 10 Minuten schaumig schlagen. Ei nach und nach unterschlagen (es soll sich sofort mit der **Butter** verbinden, damit die Masse nicht gerinnt). **Mehl, Backpulver, Rosinen,** geraspelte Kuvertüre und **Ingwer** mit den Knethaken des Handrührers unterrühren, bis ein glatter Teig entsteht. Teig halbieren und 1 Stunde in Folie gewickelt kalt stellen. Beide Teighälften zwischen jeweils 2 Bögen Backpapier zu 40 x 35 cm großen Rechtecken ausrollen. Mit einem Herzausstecher (5 cm breit) Herzen ausstechen. Backofen auf 180 °C (Umluft 160 °C) vorheizen. Die Herzen in jeweils 2 cm Abstand auf mit Backpapier belegte Backbleche setzen. Plätzchen auf der 2. Einschubleiste von unten jeweils ca. 15 Minuten (Umluft 14 Minuten) goldbraun backen. Auf Kuchengittern abkühlen lassen. Die **weiße Kuvertüre** hacken und im warmen Wasserbad schmelzen. **Pistazien** nicht zu fein mahlen. Herzen mit einer Hälfte in die **Kuvertüre** tauchen, abtropfen lassen und seitlich in die Pistazien drücken, sodass sich ein grüner Rand bildet. Auf Backpapier trocknen lassen. Die Plätzchen halten sich kühl und trocken aufbewahrt etwa 1 Woche.

Für ca. 50 Stück

Für die Creme:

100 g Vollmilchkuvertüre

250 g Halbbitterkuvertüre

100 ml Sahne

100 g Butter

2 El Ahornsirup

Für den Teig:

100 g Bananenchips

250 g Mehl

125 g Butter

100 g Zucker

4–5 Tropfen Buttervanillearoma

1 Ei

Mehl für die Arbeitsfläche

Zubereitungszeit: ca. 1 Stunde
(plus Kühl- und Backzeit)

Bananensterne

Die beiden **Kuvertüren** hacken. Zusammen mit der **Sahne**, der **Butter** und dem **Sirup** in einem kleinen Topf unter Rühren erwärmen. Anschließend das Ganze etwa 4 Stunden kalt stellen.

Inzwischen 50 g **Bananenchips** mit einer Teigrolle fein zerbröseln. Mehl in eine Schüssel sieben. Die **Butter** in Stücke schneiden und dazugeben. **Zucker**, **Vanillearoma** und **Ei** hinzufügen und alles zu einem Teig verkneten. Den Teig für 1 Stunde kühl stellen.

Den Backofen auf 200 °C (Umluft 180 °C) vorheizen. Auf einer bemehlten Arbeitsfläche den Teig dünn ausrollen. Sterne ausstechen und auf ein mit Backpapier belegtes Blech setzen. Auf der mittleren Schiene etwa 10 Minuten backen und auf einem Kuchengitter auskühlen lassen.

Die **Kuvertüre-Sahne-Masse** mit den Schneebesen eines Handrührgeräts aufschlagen. In Spritzbeutel mit Sterntülle füllen, mittig auf die Sterne spritzen. Mit den restlichen zerbröselten **Bananenchips** verzieren.

Orangensterne

Die **Orange** heiß abwaschen und trocken tupfen. Die **Schale** dünn abreiben, den **Saft** auspressen. Die weiche **Butter** mit dem **Zucker** verrühren. **Orangenschale, 3 El Saft, Salz, Eigelbe** und **Ei** zugeben und die Masse schaumig rühren. Das **Mehl** mit dem **Backpulver** mischen und darübersieben. Mit den Händen einen glatten Teig kneten, in Folie wickeln und 3 Stunden im Kühlschrank ruhen lassen. Den Backofen auf 160 °C (Umluft 140 °C) vorheizen. Zwei Backbleche einfetten. Den Teig etwa 3 mm dick ausrollen und Sterne und Tannenbäume ausstechen. Aus der Hälfte der Plätzchen mit kleineren Förmchen die Mitte herausstechen. Die Plätzchen auf die Bleche legen und im Ofen etwa 8 bis 10 Minuten backen. Auf Kuchengittern erkalten lassen. Die **Orangenmarmelade** in einem Topf glatt rühren. Die Plätzchen, die in der Mitte nicht ausgestochen wurden, damit bestreichen. Die ausgestochenen Plätzchen daraufsetzen und mit **Puderzucker** bestreuen.

Für ca. 60 Stück

1 unbehandelte Orange
250 g Butter
200 g Zucker
Salz
2 Eigelb
1 Ei
500 g Mehl
1 Tl Backpulver
1 El Puderzucker
450 g Orangenmarmelade
Mehl für die Arbeitsfläche
Fett für die Bleche

Zubereitungszeit: ca. 40 Minuten
(plus Ruhe- und Backzeit)

Nikolausstiefel

Das **Mehl** mit der **Butter,** dem **Salz, Puderzucker, Ei, Zitronenschale** und **Kokosraspeln** in einer Schüssel mit den Knethaken des Handrührgeräts zu einem glatten Teig verarbeiten. Den Teig in Folie wickeln und 30 Minuten im Kühlschrank ruhen lassen.

Den Backofen auf 200 °C (Umluft 180 °C) vorheizen. Anschließend den Teig auf einer bemehlten Arbeitsfläche etwa 4 mm dick ausrollen und 18–20 Nikolausstiefel (etwa 10 cm groß) ausstechen. Auf ein mit Backpapier ausgelegtes Backblech legen und im Ofen etwa 10 bis 12 Minuten backen. Die Stiefel auf Kuchengittern abkühlen lassen. Den **Puderzucker** mit dem **Zitronensaft** zu einem Guss verrühren und in einen Plastikbeutel füllen. Die Spitze einer Ecke abschneiden und die Konturen des Stiefels mit **Zuckerguss** nachzeichnen. Zuletzt Schnürbänder mit einer Schleife zeichnen. Die Stiefel mit Zuckerguss und anderen Süßigkeiten verzieren.

Für ca. 18–20 Stück

300 g Mehl

200 g Butter

1 Prise Salz

200 g Puderzucker

1 Ei

1 Tl abgeriebene Schale von 1 unbehandelten Zitrone

150 g Kokosraspel

175 g Puderzucker

4 El Zitronensaft

Süßigkeiten zum Verzieren

Mehl für die Arbeitsfläche

Zubereitungszeit: ca. 45 Minuten (plus Ruhe- und Backzeit)

Die **Butter** mit der **Marzipanrohmasse**, dem **Zucker, Vanillezucker, Salz, Muskatnuss, Orangensirup** und **Ei** verkneten. Das **Mehl** mit dem **Backpulver** und **Kakao** mischen und dazusieben. Alles zu einem glatten Teig verkneten. Den Teig in Klarsichtfolie wickeln und im Kühlschrank etwa 30 Minuten ruhen lassen.

Den Backofen auf 180 °C (Umluft 160 °C) vorheizen. Den Teig auf einer bemehlten Arbeitsfläche zwischen Klarsichtfolie 3 mm dick ausrollen und Sterne ausstechen. Zwei Backbleche mit Backpapier auslegen und die Sterne darauflegen. Im Ofen etwa 12 bis 15 Minuten backen. Auf dem Papier abkühlen lassen. Die **Kuvertüre** in einem Topf unter Rühren schmelzen. Die Sterne damit bestreichen. Jeden Stern mit 3 bis 4 **Pfefferkörnern** belegen und trocknen lassen.

Schoko-Pfeffer-Sterne

Für ca. 70 Stück

150 g Butter
50 g Marzipanrohmasse
100 g Zucker
1 Päckchen Vanillezucker
1 Prise Salz
1 Msp. gemahlene Muskatnuss
1 El Orangensirup
1 Ei
300 g Mehl
1 Tl Backpulver
50 g Kakao
200 g weiße Kuvertüre
4 El roter Pfeffer
Mehl für die Arbeitsfläche

Zubereitungszeit: ca. 45 Minuten
(plus Ruhe- und Backzeit)

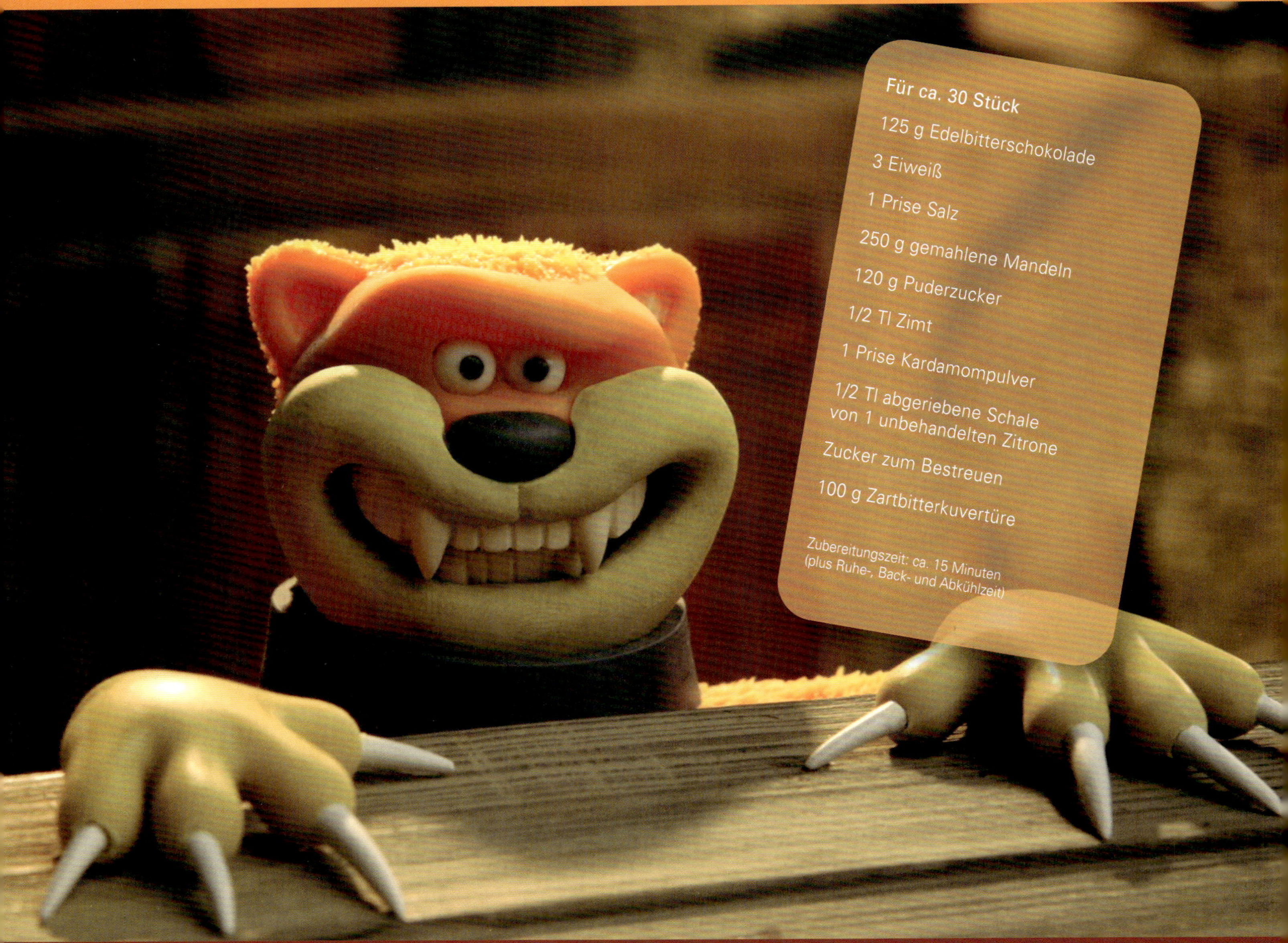

Für ca. 30 Stück

125 g Edelbitterschokolade

3 Eiweiß

1 Prise Salz

250 g gemahlene Mandeln

120 g Puderzucker

1/2 Tl Zimt

1 Prise Kardamompulver

1/2 Tl abgeriebene Schale von 1 unbehandelten Zitrone

Zucker zum Bestreuen

100 g Zartbitterkuvertüre

Zubereitungszeit: ca. 15 Minuten (plus Ruhe-, Back- und Abkühlzeit)

Bärentatzen

Die **Schokolade** hacken. Die **Eiweiße** mit dem **Salz** zu festem Schnee schlagen. Die **Schokolade** mit **Mandeln, Puderzucker, Zimt, Kardamom** und **Zitronenschale** verrühren, zum **Eischnee** geben und alles zu einem glatten Teig verarbeiten. Ein Backblech mit Backpapier auslegen. Aus dem Teig mit zwei Teelöffeln kleine Portionen abnehmen, auf das Blech setzen und daraus mit einer Gabel Tatzen formen. Die **Bärentatzen** 6 bis 8 Stunden zum Trocknen kühl stellen. Den Backofen auf 180 °C (Umluft 160 °C) vorheizen. Die Bärentatzen im Ofen etwa 20 Minuten backen. Mit **Zucker** bestreuen und auf Kuchengittern abkühlen lassen. Inzwischen die **Kuvertüre** schmelzen und die Tatzen mit einem schmalen Ende hineintunken. Erneut trocknen lassen.

Für ca. 35 Stück

290 g Butter
120 g Puderzucker
150 g Marzipanrohmasse
2 Tl Zimt
Salz
4 Eigelb
300 g Weizenmehl
120 g Nougatcreme

Zubereitungszeit: ca. 30 Minuten
(plus Back- und Abkühlzeit)

Kann ich nur empfehlen!

Plätzchen mit Nougatcreme

Die **Butter** mit 100 g **Puderzucker** verrühren, das **Marzipan** dazukrümeln und glatt rühren. **Zimt, Salz** und nach und nach die **Eigelbe** zugeben und zuletzt das Mehl darübersieben. Alles zu einem glatten Teig verrühren. Den Backofen auf 180 °C (Umluft 160 °C) vorheizen. Zwei Backbleche mit Backpapier auslegen. Den Teig in einen Spritzbeutel (mittlere Tülle) füllen und etwa 70 ca. 6 cm lange Streifen auf die Bleche spritzen. Im Ofen etwa 12 Minuten backen. Auf Kuchengittern abkühlen lassen. Die Hälfte der abgekühlten Streifen auf der Unterseite mit **Nougatcreme** bestreichen und mit der Unterseite der restlichen Streifen abdecken. Mit dem restlichen **Puderzucker** bestreuen.

Apfeldukaten

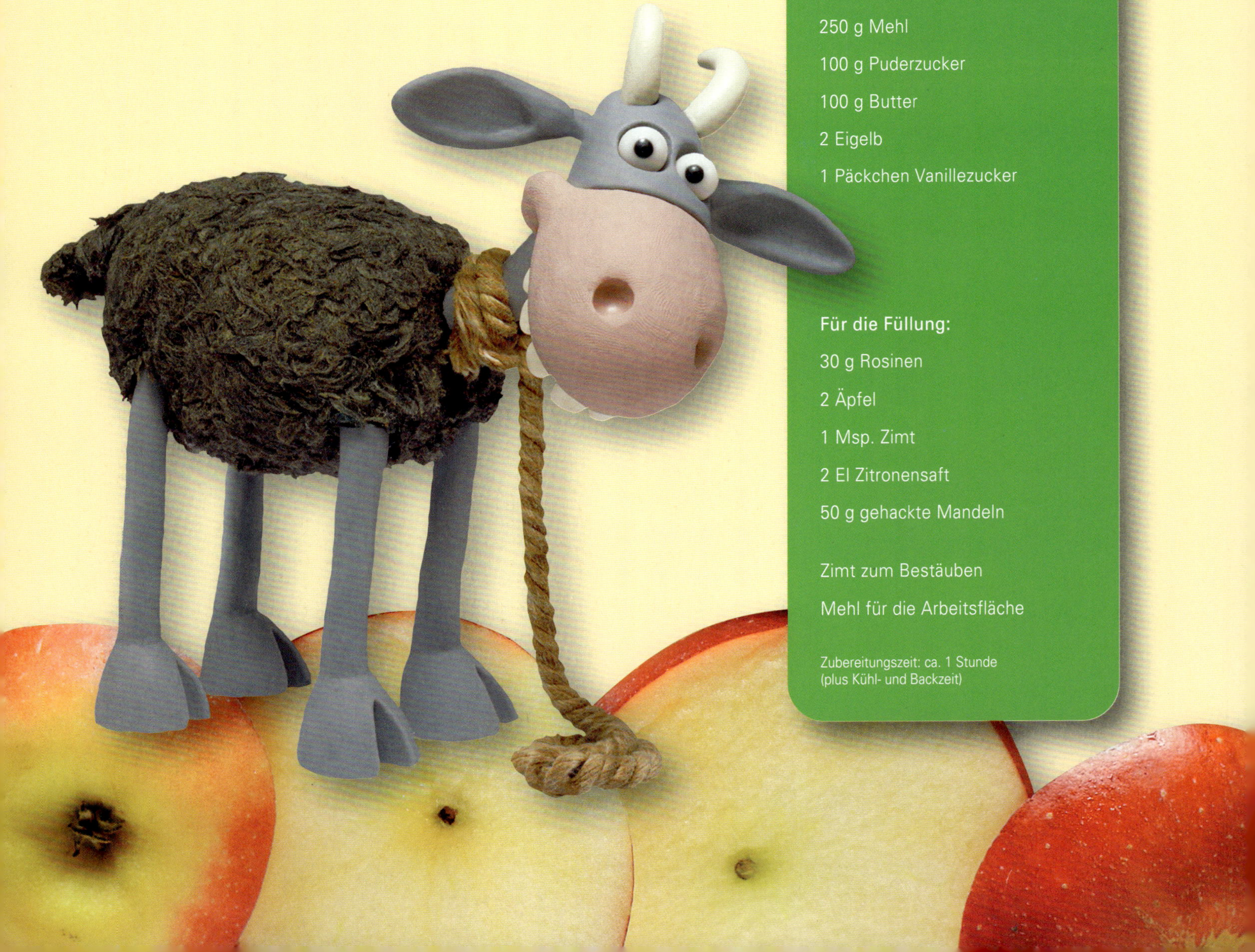

Für ca. 30 Stück

Für den Teig:

250 g Mehl

100 g Puderzucker

100 g Butter

2 Eigelb

1 Päckchen Vanillezucker

Für die Füllung:

30 g Rosinen

2 Äpfel

1 Msp. Zimt

2 El Zitronensaft

50 g gehackte Mandeln

Zimt zum Bestäuben

Mehl für die Arbeitsfläche

Zubereitungszeit: ca. 1 Stunde
(plus Kühl- und Backzeit)

Mehl und **Puderzucker** in eine Schüssel sieben. **Butter** in Stücke geschnitten dazugeben und das **Eigelb** und den **Vanillezucker** hinzufügen. Alles zu einem glatten Teig verkneten. Den Teig etwa 1 Stunde kalt stellen. Die **Äpfel** schälen, Kerngehäuse entfernen und Äpfel in sehr kleine Stückchen schneiden. Mit **Zimt**, **Zitronensaft**, **Rosinen** und **Mandeln** vermischen. Den Backofen auf 180 °C (Umluft 160 °C) vorheizen. Den Teig portionsweise auf einer bemehlten Arbeitsfläche ausrollen. Taler von ca. 5 cm Ø ausstechen. Auf die Hälfte der Plätzchen die **Apfelfüllung** verteilen. Die andere Hälfte darauflegen und die Ränder gut andrücken. Die Plätzchen auf ein mit Backpapier ausgelegtes Backblech setzen. Auf mittlerer Schiene etwa 15 Minuten backen. Die Plätzchen auskühlen lassen und mit etwas **Zimt** bestäuben.

Ananasplätzchen

Die kandierte **Ananas** sehr fein hacken. Die **Kokosraspel** in einer beschichteten Pfanne ohne Fett anrösten. Das **Mehl** in eine Schüssel sieben. **Kokos, Ananas, Butter** in kleinen Stücken, **Ei, Eigelb, Puderzucker** und **Salz** dazugeben. Alles mit den Knethaken des Handrührgeräts zu einem glatten Teig verkneten. Den Teig für etwa 1 Stunde kalt stellen. Für die Füllung die Eier mit dem **Puderzucker** sehr cremig rühren. **Zitronenschale** und **-saft, Kokosraspel** und **Ananaskonfitüre** unterrühren. Den Teig in mehreren Portionen auf der bemehlten Arbeitsfläche 1/2 cm dick ausrollen und Kreise, Sterne oder Herzen von etwa 5 cm Ø ausstechen. Auf die Hälfte der Plätzchen die **Kokosfüllung** verteilen. Die andere Hälfte darauflegen und die Ränder gut andrücken. Den Backofen auf 180 °C (Umluft 160 °C) vorheizen. Die Plätzchen auf mit Backpapier belegte Bleche setzen und auf der mittleren Schiene etwa 15 Minuten abbacken. Auf einem Gitter abkühlen lassen. Für die Dekoration den **Puderzucker** mit **Zitronenschale** und **Kokossirup** verrühren. Den Guss auf die Plätzchen streichen und mit **Kokosraspeln** bestreuen.

Für ca. 50 Stück

Für den Teig:

50 g kandierte Ananas
150 g Kokosraspel
250 g Mehl
200 g weiche Butter
1 Ei
1 Eigelb
150 g Puderzucker
1 Prise Salz

Für die Füllung:

2 Eier
100 g Puderzucker
1 Tl abgeriebene Schale von 1 unbehandelten Zitrone
2 El Zitronensaft
100 g Kokosraspel
50 g Ananaskonfitüre

Für die Dekoration:

100 g Puderzucker
1 Tl abgeriebene Schale von 1 unbehandelten Zitrone
2–3 El Kokossirup
5 El Kokosraspel

Mehl für die Arbeitsfläche

Zubereitungszeit: ca. 1 Stunde (plus Kühl- und Backzeit)

Nougatherzen

Für ca. 50 Stück

100 g Haselnüsse (gemahlen)

150 g Mehl

1/2 Tl abgeriebene Schale von 1 unbehandelten Zitrone

1 Ei

125 g Zucker

1 Päckchen Vanillezucker

125 g kalte Butter

50 g Zartbitterkuvertüre

200 g Nougat

1 Tl Instant-Espressopulver

150 g Vollmilchkuvertüre

Mehl für die Arbeitsfläche

Zubereitungszeit: ca. 1 Stunde
(plus Kühl- und Backzeit)

Die gemahlenen **Haselnüsse** mit **Mehl**, **Zitronenschale**, **Ei**, **Zucker**, **Vanillezucker** und **Butterflöckchen** zu einem glatten Teig verkneten. Zugedeckt etwa 1 Stunde kühl stellen. Den Backofen auf 180 °C (Umluft 160 °C) vorheizen. Den Teig auf bemehlter Arbeitsfläche etwa 4 mm dick ausrollen, Herzen (ca. 4 cm Ø) ausstechen. Auf ein mit Backpapier belegtes Blech legen. Im Ofen etwa 10 Minuten backen. Auskühlen lassen. Für die Füllung die **Zartbitterkuvertüre** hacken und in einer Schüssel über dem warmen Wasserbad mit dem **Nougat** schmelzen. **Espressopulver** unterrühren. Die Hälfte der Herzen mit der Masse bestreichen. Die anderen Plätzchenherzen daraufsetzen und leicht festdrücken. Die **Vollmilchkuvertüre** grob hacken und in einer Schüssel über dem warmen Wasserbad schmelzen. In Gefrierbeutel füllen und eine kleine Ecke abschneiden. Mit der **Schokolade** die Konturen der Plätzchen nachziehen.

Schokoecken

Für ca. 60 Stück

- 1 reife Banane
- 250 g Mehl
- 1 Tl Backpulver
- 1 El Kakaopulver
- 125 g Zucker
- 1 Päckchen Vanillezucker
- 1 Prise Salz
- 100 g weiche Butter
- Mehl für die Arbeitsfläche
- etwas Puderzucker

Zubereitungszeit: ca. 30 Minuten
(plus Back- und Auskühlzeit)

Die **Banane** schälen und mit einer Gabel zerdrücken. **Mehl**, **Backpulver** und **Kakao** in eine Rührschüssel sieben. **Zucker**, **Vanillezucker**, **Salz**, **Butter** und **Bananenmus** hinzufügen und mit den Knethaken eines Handrührgeräts zu einem Teig verarbeiten. Den Backofen auf 180 °C (Umluft 160 °C) vorheizen. Den Teig auf einer bemehlten Arbeitsfläche glatt kneten und zu fingerdicken Rollen formen. 4 bis 5 cm lange Stücke schneiden, die Enden etwas dünner rollen und zu Ecken formen. Die Ecken auf ein mit Backpapier ausgelegtes Blech setzen und auf mittlerer Schiene etwa 12 Minuten backen. Die Ecken erkalten lassen und mit **Puderzucker** bestäuben.

Adventswürfel

Für ca. 60 Stück

250 g Butter
150 g Puderzucker
1 Päckchen Vanillezucker
4 Eier
150 g Mehl
1 Tl Backpulver
125 g weiße Schokoladenraspel
200 g Mandeln (gemahlen)
100 g Vollmilchkuvertüre
50 g Mandelstückchen

Zubereitungszeit: ca. 30 Minuten
(plus Backzeit)

Die **Butter** schaumig rühren. Abwechselnd den **Puderzucker** mit dem **Vanillezucker** und die **Eier** dazugeben und unterrühren. Das **Mehl** sieben, mit dem **Backpulver** mischen und esslöffelweise unterrühren. Danach 100 g **Schokoladenraspel** und die gemahlenen **Mandeln** unterrühren. Den Backofen auf 180 °C (Umluft 160 °C) vorheizen. Ein Backblech mit Backpapier belegen und den Teig auf das Blech streichen. Auf der mittleren Schiene etwa 20 Minuten backen. Den **Kuchen** abkühlen lassen. Die **Kuvertüre** im warmen Wasserbad schmelzen lassen und auf den Kuchen streichen. Mit **Mandelstückchen** und den restlichen **Schokoraspeln** verzieren. Alles abkühlen lassen und in kleine Quadrate schneiden.

Hat meine Omi schon gebacken ...

Mohnplätzchen

Mehl, Butter, Zucker, Ei, Zitronenschale, 1 Prise **Salz** und **Mohnback** zu einem Teig verkneten. In Folie wickeln, 1 Stunde kalt stellen.
Den **Teig** auf einer bemehlten Arbeitsfläche 3 mm dick ausrollen. Figuren ausstechen und auf ein Blech mit Backpapier setzen. Plätzchen im vorgeheizten Backofen bei 175 °C (Umluft 155 °C) auf der 2. Einschubleiste von unten 10 Minuten backen, auskühlen lassen. **Pflaumenmus** und 2 Tl **Zitronensaft** verrühren. Die Hälfte der Plätzchen mit **Pflaumenmus** bestreichen. 20 Minuten antrocknen lassen, die 2. Hälfte daraufsetzen.
Die beiden **Kuvertüresorten** getrennt klein hacken und im heißen Wasserbad schmelzen. **Puderzucker** und restlichen **Zitronensaft** verrühren und den Guss mit roter **Lebensmittelfarbe** rosa färben. Die **Kuvertüren** und den **Guss** in kleine Spritztüten aus Pergamentpapier füllen. Die **Shaun-Plätzchen** mit den beiden **Kuvertüren** und die **Schweine-Plätzchen** mit dem **Guss** und der **Zartbitterkuvertüre** gestalten, trocknen lassen.

Für ca. 60 Stück

400 g Mehl

150 g Butter

50 g Zucker

1 Ei

2 El abgeriebene Schale von 1 unbehandelten Zitrone

Salz

250 g Mohnback

150 g Pflaumenmus

5 Tl Zitronensaft

je 100 g Zartbitter- und weiße Kuvertüre

50 g Puderzucker

2 Tropfen rote Lebensmittelfarbe

Mehl für die Arbeitsfläche

Zubereitungszeit: ca. 40 Minuten (plus Kühl-, Back- und Trockenzeit)

Zimtsterne

Das **Marzipan** mit dem **Zucker**, 250 g **Nüssen, Zimt, Salz** und **Vanille** in einer Schüssel miteinander mischen. 3 **Eiweiß** unterarbeiten und alles zu einem glatten Teig verkneten. Den Teig zu einer Kugel formen und abgedeckt etwa 2 Stunden stehen lassen.

Die restlichen **Nüsse** mit etwas **Mehl** auf einer Arbeitsplatte ausstreuen und den **Teig** darauf etwa 1 cm dick ausrollen. Den Backofen auf 180 °C (Umluft 160 °C) vorheizen. Mit einem Ausstechförmchen Sterne ausstechen und auf ein gefettetes Backblech legen. Die restlichen Eiweiße mit dem **Puderzucker** und den ganzen **Eiern** glatt rühren und die **Zimtsterne** damit bestreichen. Im Ofen etwa 8 bis 10 Minuten backen.

Für ca. 70 Stück

150 g Marzipanrohmasse
250 g Zucker
275 g gemahlene Haselnüsse
1 El gemahlener Zimt
Salz
1 Prise gemahlene Vanille
5 Eiweiß
250 g Puderzucker
2 Eier
Mehl für die Arbeitsfläche
Fett für das Blech

Zubereitungszeit: ca. 30 Minuten (plus Ruhe- und Backzeit)

Schwarz-Weiß-Gebäck

Den **Zucker** mit **Vanillezucker, Salz,** der **Butter** und den **Eiern** glatt rühren. Das **Mehl** darübersieben und mit den Händen unterarbeiten. Den **Teig** gut durchkneten und in drei Teile teilen. Ein Drittel beiseitestellen. In das andere Drittel den **Kakao** rühren. Beide Drittel in Folie wickeln und 2 Stunden kühl stellen.

Das letzte Drittel bei Zimmertemperatur aufbewahren. Die gekühlten Teige auf einer bemehlten Arbeitsfläche etwa 1 cm dick ausrollen und mit verquirltem **Eiweiß** bestreichen. Dann in 1 cm breite Streifen schneiden. Die Streifen schachbrettartig zu einem Quadrat zusammenlegen. Den zimmerwarmen Teig 3 mm dick ausrollen und um den Schachbrettteig herumlegen. In Folie wickeln und 1 Stunde kühlen.

Den Backofen auf 200 °C (Umluft 180 °C) vorheizen. Zwei Backbleche einfetten. Das Teigquadrat in 1/2 cm dicke Scheiben schneiden und im Ofen etwa 12 bis 15 Minuten backen.

Für ca. 100 Stück

175 g Puderzucker

1 Päckchen Vanillezucker

1 Prise Salz

200 g Butter

2 Eier

500 g Mehl

2 El Kakaopulver

1 Eiweiß

Mehl für die Arbeitsfläche

Fett für die Bleche

Zubereitungszeit: ca. 30 Minuten
(plus Ruhe- und Backzeit)

Spritzgebäck

Die **Butter** mit dem **Zucker** mit dem Handrührgerät schaumig rühren. Den **Vanillezucker** und die **Eigelbe** unterrühren. Das **Mehl** mit der **Speisestärke** mischen, darübersieben und alles zu einem glatten **Teig** verrühren. Den Backofen auf 200 °C (Umluft 180 °C) vorheizen. Das Backblech einfetten.

Den **Teig** in einen Spritzbeutel mit sternförmiger, breiter Tülle füllen und breite Streifen (6 cm lang) auf das Blech spritzen. Das Gebäck im Ofen etwa 13 Minuten backen. Nach dem Backen mit dunkler **Kuvertüre** verzieren.

Für ca. 25 Stück

100 g Butter
60 g Zucker
1 Tl Vanillezucker
2 Eigelb
150 g Mehl
30 g Speisestärke
Fett für das Blech
dunkle Kuvertüre zum Verzieren

Zubereitungszeit: ca. 30 Minuten (plus Backzeit)

Marzipanspekulatius

Für ca. 60 Stück

250 g Mehl
1 Tl Backpulver
150 g Zucker
1 Msp. Salz
1 Tl Zimt
1 Msp. Kardamom (gemahlen)
1 Msp. Gewürznelke (gemahlen)
1 Msp. Muskat
1 Ei
125 g Butter
50 g Marzipanrohmasse
Mehl für die Arbeitsfläche

Zubereitungszeit: ca. 1 Stunde
(plus Kühl- und Backzeit)

Das **Mehl** mit dem **Backpulver** in eine Rührschüssel geben. **Zucker, Salz, Gewürze** und **Ei** dazugeben. Die **Butter** in Stücke schneiden und das **Marzipan** zerbröseln, beides zu den anderen Zutaten geben.

Die Zutaten mit den Knethaken eines Handrührgerätes gut durcharbeiten. Auf einer bemehlten Arbeitsfläche zu einem glatten **Teig** verarbeiten. Den **Teig** 1 bis 2 Stunden kalt stellen.

Den Backofen auf 180 °C (Umluft 160 °C) vorheizen. Den **Teig** entweder auf einer bemehlten Arbeitsfläche 2 bis 3 mm dick ausrollen und Formen ausstechen oder den **Teig** in eine gemehlte Modelform drücken, den überstehenden **Teig** abschneiden und die **Plätzchen** aus dem Model schlagen. Die **Plätzchen** auf ein mit Backpapier belegtes Blech setzen. Auf mittlerer Schiene etwa 15 Minuten backen.

Vanillekipferln

Für ca. 140 Stück

300 g Mehl

140 g Zucker

1 Prise Salz

4 Eigelb

Mark von 1 Vanilleschote

300 g Mandeln (gemahlen)

300 g Butter

200 g Zucker und
2 Päckchen Vanillezucker
zum Wälzen

Fett und Mehl fürs Blech

Zubereitungszeit: ca. 50 Minuten
(plus Kühl- und Backzeit)

Das **Mehl** auf die Arbeitsfläche sieben und in die Mitte eine Mulde drücken. **Zucker, Salz, Eigelb** und das Mark der **Vanilleschote** in die Mulde geben. Die gemahlenen **Mandeln** und das **Fett** in Flöckchen auf dem Mehlrand verteilen. Alle Zutaten zu einem glatten Teig verarbeiten. 4 Rollen von etwa 35 cm Länge formen. 30 Minuten kühl stellen.

Backbleche dünn fetten und leicht mit **Mehl** bestäuben oder mit Backpapier auslegen. Aus jeder Teigrolle 30 bis 35 Scheiben schneiden. Den Backofen auf 200 °C (Umluft 180 °C) vorheizen. Jede Scheibe zu einer Wurst rollen und zu einem Kipferl formen. Mit Abstand auf das Blech setzen. Im Backofen auf der mittleren Einschubleiste 10 bis 15 Minuten backen. Die **Kipferln** dürfen nur am Rand leicht braun sein. **Zucker** und **Vanillezucker** mischen. Die noch heißen **Kipferln** vom Blech lösen und ganz vorsichtig im **Zucker** wälzen. Die **Kipferln** auskühlen lassen und vorsichtig in Blechdosen legen.

Stutensterne

Aus dem **Mehl,** der **Hefe,** 100 ml lauwarmer **Milch** und 1 El **Zucker** einen Vorteig ansetzen und abgedeckt etwa 15 Minuten gehen lassen. Die **Rosinen** waschen und abtropfen lassen.

Die restlichen Zutaten zum Hefevorteig geben und mit den Händen zu einem glatten **Teig** verarbeiten. Den **Teig** 30 Minuten an einem warmen Ort gehen lassen. Den **Teig** erneut durchkneten und etwa 2 cm dick ausrollen.

Aus dem **Teig** etwa 24 kleine Sterne ausstechen. Die Sterne auf ein gefettetes Backblech legen und weitere 30 Minuten gehen lassen.

Den Backofen auf 200 °C (Umluft 180 °C) vorheizen. Die Sterne im Ofen etwa 20 Minuten backen. Mit **Puderzucker** bestreuen.

Für ca. 24 Stück

1 kg Mehl, 60 g Hefe

500 ml Milch, 100 g Zucker

250 g Rosinen

abgeriebene Schale von 1/2 unbehandelten Zitrone

1 Prise Salz

180 g weiche Butter

Mehl für die Arbeitsfläche

Fett für das Blech

Puderzucker zum Bestreuen

Zubereitungszeit: ca. 30 Minuten (plus Geh- und Backzeit)

Printen

Den **Sirup** mit dem **Läuterzucker** und 3 El **Wasser** mischen. Den **Honig** zugeben und die Mischung erwärmen, bis der **Zucker** sich gelöst hat. Abkühlen lassen. Das **Mehl** mit den **Gewürzen, Natron, Orangeat** und **Zitronat** vermengen, mit der lauwarmen **Sirupmasse** mischen.

Die **Pottasche** mit 1 1/2 El Wasser zugeben, dann das **Ei** mit den **Rosinen** und dem **Kandis** unter den Teig heben und alles mit den Händen zu einem glatten Teig kneten. Den Teig abgedeckt 12 Stunden ruhen lassen.

Den Backofen auf 200 °C (Umluft 180 °C) vorheizen. Den **Teig** auf einer bemehlten Arbeitsfläche erneut durchkneten und etwa 1 cm dick ausrollen. Nach Belieben Formen und Figuren ausstechen.

Printen auf ein gefettetes Backblech legen und im Ofen etwa 18 Minuten backen. Das **Kartoffelmehl** im Backofen bei 160 °C hellgelb rösten und abkühlen lassen. Dann in 1 l kaltes Wasser rühren und unter Rühren aufkochen, bis die Masse sich vom Topfrand löst. Die **Printen** mit dieser Masse bestreichen, damit sie schön glänzend werden.

Für ca. 50 Stück

275 g Sirup

20 g Läuterzucker

550 g Honig

150 g brauner Zucker

1 kg Mehl

1 El Printengewürz

1 Tl gemahlener Anis

15 g Natron

je 45 g gewürfeltes Orangeat und Zitronat

2 Päckchen Pottasche

1 Ei

90 g Rosinen

55 g gehackter Kandiszucker

250 g Kartoffelmehl

Mehl für die Arbeitsfläche

Fett für das Blech

Zubereitungszeit: ca. 45 Minuten (plus Ruhe-, Back- und Kochzeit)

Mandelmakronen

Den Backofen auf 140 °C (Umluft 120 °C) vorheizen. Zwei Backbleche mit Backpapier auslegen. Die **Eiweiße** in der Küchenmaschine mit dem **Salz** zu festem Schaum schlagen.

Den **Puderzucker** und **Vanillezucker** nach und nach zum **Eischnee** geben und das **Mandelaroma** dazuträufeln. Die Masse gut durchrühren. Die gemahlenen **Mandeln** auf die Masse geben und mit einer Gabel oder dem Schneebesen vorsichtig unterziehen.

Die Masse in einen Spritzbeutel geben und kleine Makronen auf das Backpapier spritzen. Das Gebäck im Ofen etwa 30 bis 35 Minuten backen. Abkühlen lassen. Dann nach Belieben mit heller **Kuvertüre**, flüssiger **Schokolade, Konfitüre, Nüssen** oder **Kokosraspeln** verzieren.

Für ca. 50 Stück

4 Eiweiß

1 Prise Salz

150 g Puderzucker

1 Päckchen Vanillezucker

3 Tropfen Bittermandelaroma

200 g gemahlene Mandeln

helle Kuvertüre, Schokolade, Konfitüre, Nüsse und Kokosraspel zum Verzieren

Zubereitungszeit: ca. 30 Minuten

Aprikosen-Kokos-Makronen

Die **Aprikosen** sehr fein hacken. Die **Eiweiße** mit dem **Zucker** steif schlagen. Die **Aprikosen** mit den **Kokosraspeln**, den **Pecannüssen** und den **Säften** zu einem glatten **Teig** verkneten und den **Eischnee** unterheben. Ist der **Teig** zu klebrig, mehr **Kokosraspel** darunterkneten. Den Backofen auf 160 °C (Umluft 140 °C) vorheizen. Aus dem **Teig** etwa 35 Makronen formen und auf die **Backoblaten** geben. Diese auf ein gefettetes Backblech setzen und im Ofen etwa 10 Minuten backen. Mit den **Kokosraspeln** bestreuen. Kühl aufbewahren.

Für ca. 35 Stück

200 g getrocknete Aprikosen
2 Eiweiß
50 g Zucker
60 g Kokosraspel
75 g gehackte Pecannüsse
1 El Zitronensaft
2 El Orangensaft
35 Backoblaten
50 g Kokosraspel zum Bestreuen
Fett für das Blech

Zubereitungszeit: ca. 30 Minuten
(plus Backzeit)

Pfefferkuchen

Den **Sirup** mit den **Gewürzen** und der **Butter** in einem Topf erhitzen, bis die **Butter** geschmolzen ist. Den Topf vom Herd nehmen und abkühlen lassen. Die **Eier** mit dem **Zucker** schaumig rühren, anschließend die **Orangenschale** zugeben.

Die beiden **Mehlsorten** miteinander mischen und halbieren. Unter eine Hälfte das **Sodapulver** rühren und diese Hälfte mit der **Sirupbutter** verrühren. Den **Eischaum** und das restliche **Mehl** unterrühren und mit den Händen zu einem festen **Teig** verkneten. Den **Teig** zu einer Kugel formen, in Folie wickeln und über Nacht kühl stellen.

Den Backofen auf 200 °C (Umluft 180 °C) vorheizen. Den Teig auf einer bemehlten Arbeitsfläche dünn ausrollen und mit Ausstechförmchen beliebige Figuren ausstechen. Die **Pfefferkuchen** auf mit Backpapier ausgelegte Bleche legen und im Ofen etwa 10 Minuten backen. Anschließend abkühlen lassen. **Pfefferkuchen** mit **Puderzucker** bestäuben.

Für ca. 50 Stück

125 g Zuckerrübensirup

je 1 Tl gemahlener Ingwer, Nelken, Zimt

150 g Butter

2 Eier

150 g Rohrzucker

2 El abgeriebene Schale von 1 unbehandelten Orange

250 g Vollkornmehl

250 g Mehl

1 1/2 El Sodapulver

Mehl für die Arbeitsfläche

Puderzucker zum Bestäuben

Zubereitungszeit: ca. 45 Minuten (plus Ruhe- und Backzeit)

Baumkuchenspitzen

Für ca. 40 Stück

1 Vanilleschote

250 g weiche Butter

250 g Zucker

7 Eier

150 g Mehl

100 g Speisestärke

1 Tl abgeriebene Schale von 1 unbehandelten Orange

1 Tl abgeriebene Schale von 1 unbehandelten Zitrone

1 Prise Salz

2 Tl Kakaopulver

150 g weiße Kuvertüre

150 g Vollmilchkuvertüre

Zubereitungszeit: ca. 1 Stunde (plus Backzeit)

Die **Vanilleschote** der Länge nach halbieren und das Mark herauskratzen. Die **Butter** mit dem **Zucker** cremig rühren. Die **Eier** trennen. Die Eigelbe nacheinander unter die **Butter-Zucker-Masse** rühren. **Mehl** mit **Speisestärke, Orangen-** und **Zitronenschale** sowie **Vanillemark** vermischen und nach und nach unter den **Teig** rühren. **Eiweiße** mit **Salz** steif schlagen und unter den **Teig** heben. **Teig** halbieren und die Hälfte mit dem **Kakao** verrühren.

Eine Springform (ca. 28 cm Ø) mit Backpapier auslegen, den Grill des Backofens auf 200 °C vorheizen. Etwa 2 El hellen **Teig** auf dem Backpapier verstreichen und die Schicht auf mittlerer Schiene 1 bis 2 Minuten backen. Dann etwa 2 El dunklen **Teig** aufstreichen und backen. Auf diese Weise abwechselnd den Baumkuchen Schicht für Schicht backen, bis der **Teig** verbraucht ist. Aufpassen, dass die einzelnen Schichten zwar durchbacken, aber nicht zu dunkel werden.

Den Baumkuchen auskühlen lassen, den Springformrand entfernen, auf ein Brett stürzen und das Backpapier abziehen. Den Baumkuchen in etwa 3 cm breite Streifen und anschließend in Dreiecke schneiden.

Kuvertüre getrennt klein hacken und im warmen Wasserbad schmelzen. Die Baumkuchenspitzen auf eine Gabel pieksen und zur Hälfte in die helle bzw. dunkle **Kuvertüre** tauchen, etwas abtropfen lassen und auf einem Kuchengitter trocknen lassen. Restliche **Kuvertüre** in kleine Spritztüten aus Pergament füllen und damit die Baumkuchenspitzen verzieren.

Spitzbuben

Mehl, **Zucker**, **Vanillezucker**, **Zitronenschale** und **Mandeln** auf die Arbeitsfläche häufen. Das **Fett** in Flöckchen und das **Ei** zufügen und alles mit einem großen Messer durchhacken. Anschließend mit den Händen rasch verkneten. Den **Teig** in Folie gewickelt 2 Stunden kalt stellen.

Backofen auf 180 °C (Umluft 160 °C) vorheizen. Auf der bemehlten Arbeitsfläche etwa 2 mm dick ausrollen. Jeweils die gleiche Anzahl runder Plätzchen mit gezacktem Rand in 3 verschiedenen Größen ausstechen. Auf ein gefettetes Backblech legen und im vorgeheizten Backofen etwa 10 Minuten goldgelb backen.

Die Plätzchen vom Blech lösen und noch warm jeweils 3 Plätzchen unterschiedlicher Größe mit **Konfitüre** terrassenförmig zusammensetzen. Alles dick mit **Puderzucker** bestäuben.

Für ca. 40 Stück

350 g Mehl

150 g Zucker

1 Päckchen Vanillezucker

abgeriebene Schale von 1/2 unbehandelten Zitrone

100 g Mandeln (geschält, gemahlen)

250 g Butter

1 Ei

100 g Himbeerkonfitüre zum Bestreichen

Puderzucker zum Bestäuben

Mehl für die Arbeitsfläche

Fett für das Blech

Zubereitungszeit: ca. 40 Minuten (plus Kühl- und Backzeit)

Tipp:
Bei Gebäck, das terrassenförmig zusammengesetzt wird, bestreicht man nur die untere Seite der Plätzchen mit Konfitüre, damit die überstehenden Ränder frei bleiben.

Spitzkuchen

Den **Honig** mit dem **Sirup** in einem kleinen Topf unter Rühren schmelzen lassen. In eine Rührschüssel geben und kalt werden lassen. Die Hälfte des **Mehls** in die **Honigmasse** sieben und mit den Knethaken eines Handrührgeräts darunterrühren. **Rosinen, Korinthen, Zitronat, Mandeln, Orangeat** und **Gewürze** dazugeben. Die **Pottasche** mit der **Milch** verrühren und zusammen mit dem restlichen **Mehl** unterkneten. Den Teig über Nacht kalt stellen.

Den Backofen auf 180 °C (Umluft 160 °C) vorheizen. Den **Teig** in 6 gleich große Teile teilen und auf der bemehlten Arbeitsfläche zu Rollen von 20 cm Länge formen. Die Teigstangen mit genügend Abstand auf 2 mit Backpapier ausgelegte Backbleche setzen und etwas flach drücken. Die Teigstangen auf der mittleren Schiene etwa 25 Minuten backen.

Die Stangen etwas abkühlen lassen und jeweils in etwa 15 Dreiecke schneiden. Für den Guss die **Kuvertüre** grob hacken und im Wasserbad schmelzen lassen. Die erkalteten Stücke einzeln auf eine Gabel spießen, in die **Kuvertüre** tauchen, wieder herausheben und über dem Gefäß etwas abtropfen lassen. Dann auf ein Stück Pergamentpapier legen und den **Guss** fest werden lassen.

Für ca. 70 Stück

50 g Honig

200 g Rübensirup

500 g Mehl

je 100 g Rosinen, Korinthen, Zitronat und gehackte Mandeln

50 g Orangeat

1 Tl Zimt

1/2 Tl Kardamom (gemahlen)

1 Msp. Gewürznelke (gemahlen)

1 Prise Salz

5 g Pottasche

3 El Milch

500 g Zartbitterkuvertüre

Mehl für die Arbeitsfläche

Zubereitungszeit: ca. 50 Minuten
(plus Ruhe-, Back- und Auskühlzeit)

Mürbchen

Eigelb mit **Salz** verrühren und zugedeckt etwa 1 Stunde ruhen lassen (auf diese Weise verstärkt sich der natürliche gelbe Farbton). **Mehl** auf die Arbeitsfläche sieben, in die Mitte eine Vertiefung drücken. Das **Eigelb** hineingeben, **Vanillemark** oder **Vanillezucker** mit dem **Zucker** mischen und ebenfalls dazugeben. Das kalte **Fett** in Flöckchen auf dem **Mehl** verteilen. Alle Zutaten rasch zu einem glatten Teig verkneten und 30 Minuten kalt stellen.

Den Backofen auf 180 °C (Umluft 160 °C) vorheizen. Den **Teig** wieder durchkneten und auf bemehlter Arbeitsfläche dünn ausrollen. Plätzchen in verschiedenen Formen ausstechen und diese mit dem **Eigelb** bestreichen. Kurz antrocknen lassen, wieder mit **Eigelb** bestreichen und nochmals leicht antrocknen lassen. Auf ein gefettetes Backblech setzen und im vorgeheizten Backofen 10 bis 15 Minuten nur hellgelb backen.

Für ca. 50 Stück

2 Eigelb

1 Prise Salz

300 g Mehl

Mark von 1/2 Vanilleschote
oder 1 Päckchen Vanillezucker

150 g feiner Zucker

150 g Margarine oder Butter

2 Eigelb zum Bestreichen

Mehl für die Arbeitsfläche

Fett für das Blech

Zubereitungszeit: ca. 40 Minuten
(plus Kühl- und Backzeit)

Nuss-Spiralen

Für ca. 60 Stück

200 g Mehl

160 g Butter

50 g Puderzucker

2 Eigelb

1 Prise Salz

35 g Haselnüsse (gemahlen)

1/2 Tl Zimt

1 Tl Kakaopulver

2 Eiweiß

30 g Haselnüsse (gehobelt)

Mehl für die Arbeitsfläche

Zubereitungszeit: ca. 30 Minuten
(plus Kühl- und Backzeit)

Mehl auf die Arbeitsfläche sieben und in die Mitte eine Mulde drücken. **Butter** in Flöckchen auf den Mehlrand setzen. **Puderzucker,** 1 **Eigelb** und **Salz** in die Mulde geben. Alle Zutaten grob durchhacken und zu einem glatten **Teig** verkneten. Ein Drittel mit **Haselnüssen, Zimt, Kakaopulver** und 1 **Eigelb** verkneten.

Den hellen **Teig** auf der bemehlten Arbeitsfläche 4 mm dick zu einem Rechteck ausrollen. Den dunklen **Teig** zu einem etwas kleineren Rechteck ausrollen. Den hellen **Teig** mit etwas **Eiweiß** bepinseln. Den dunklen **Teig** auf ein Nudelholz wickeln, auf dem hellen **Teig** wieder abwickeln und etwas andrücken.

Das Rechteck mit den beiden Teigschichten der Länge nach halbieren. Jedes Stück von der Längsseite her zu einer Rolle formen. Die Rollen mit **Eiweiß** bepinseln und in den Haselnüssen wälzen. Beide Rollen 30 Minuten kühl stellen. Ofen auf 200 °C (Umluft 180 °C) vorheizen.

Die Teigrollen in 1/2 cm dicke Scheiben schneiden, diese auf mit Backpapier belegte Backbleche legen. Auf der mittleren Einschubleiste ca. 10 Minuten backen.

Gewürzspekulatius

Für ca. 50 Stück

350 g Weizenvollkornmehl (Type 1050)

1/2 Tl Backpulver

1 El Zimt

je 1/2 Tl Anis und Muskatblüte

je 1/4 Tl gemahlener Ingwer, gemahlene Nelken und Muskatnuss

Salz

200 g Butter

200 g brauner Zucker

8 El Milch

50 Backoblaten

Mehl für die Arbeitsfläche

Fett für die Bleche

Zubereitungszeit: ca. 30 Minuten (plus Ruhe- und Backzeit)

Das **Mehl** mit dem **Backpulver** mischen und in einer Schüssel mit den **Gewürzen** und 1 Prise **Salz** vermengen. Die **Butter** mit dem **Zucker** schaumig rühren. Zur Mehlmischung geben und mit 3 El **Milch** zu einem glatten **Teig** verkneten. Den Teig zu zwei Rollen formen und in Folie gewickelt etwa 1 Stunde im Kühlschrank ruhen lassen.

Den Backofen auf 180 °C (Umluft 160 °C) vorheizen. Zwei Backbleche einfetten und mit den **Backoblaten** belegen.

Die Teigrollen in jeweils 25 Scheiben schneiden. Aus jeder Scheibe mit Ausstechförmchen Figuren ausstechen. Alternativ Teigrollen in bemehlte Backmodel geben, glatt streichen und aufs Blech stürzen. Die **Spekulatius** vor dem Backen mit 5 El **Milch** einstreichen. Im Ofen etwa 12 bis 15 Minuten backen. Vorsichtig vom Blech heben und auf Kuchengittern abkühlen lassen.

Anisplätzchen

Die **Eier** unter langsamer Zugabe des **Zuckers** schaumig schlagen. Danach den **Anis,** die **Zitronenschale** und das mit dem **Backpulver** gemischte **Mehl** dazugeben und alles zu einem glatten **Teig** verrühren.

Ein Backblech fetten und mit einem **Teelöffel** kleine Teigportionen daraufsetzen. Das Blech zugedeckt bei Zimmertemperatur etwa 12 Stunden stehen lassen.

Backofen auf 200 °C (Umluft 180 °C) vorheizen und die Plätzchen auf der mittleren Einschubleiste etwa 30 Minuten hellgelb backen.

Für ca. 20 Stück

4 Eier

250 g Zucker

2 El gestoßener Anis

3 Tl abgeriebene Schale von 1 unbehandelten Zitrone

1/2 Päckchen Backpulver

280 g Mehl

Fett für das Blech

Zubereitungszeit: ca. 20 Minuten (plus Ruhe- und Backzeit)

Muzenmandeln

Die **Butter** mit dem **Zucker**, der **Zitronenschale** und **Salz** sowie den **Eiern** schaumig rühren.

Speisestärke und **Mehl** sieben und mit dem **Backpulver** mischen. Löffelweise unter die Teigmasse rühren.

Das **Öl** in der Fritteuse oder in einer tiefen Pfanne auf 180 °C erhitzen. Mit 2 Esslöffeln kleine Nocken formen und im heißen **Fett** goldbraun ausbacken. Anschließend die noch heißen **Muzen** mit **Puderzucker** bestäuben.

Für ca. 45 Stück

100 g weiche Butter

60 g Zucker

1 Tl abgeriebene Schale von
1 unbehandelten Zitrone

1 Prise Salz

2 Eier

100 g Speisestärke

250 g Mehl

1 Tl Backpulver

Öl zum Frittieren

Puderzucker zum Bestäuben

Zubereitungszeit: ca. 50 Minuten

Für die Feinschmecker: Lebkuchen!

Lebkuchenfiguren

Für ca. 45 Stück

150 g Honig

80 g brauner Zucker

50 g Butter

250 g Mehl

2 Tl Backpulver

1 Ei

1/2 Päckchen abgeriebene Zitronenschale

150 g Walnüsse (gemahlen)

1 Tl Zimt

2 Tl Lebkuchengewürz

1 Prise Salz

200 g Puderzucker

1–2 Tropfen rote Lebensmittelfarbe

60 g Zartbitterkuvertüre

bunte Zuckerperlen und Dekorzucker zum Verzieren

Mehl für die Arbeitsfläche

Zubereitungszeit: ca. 1 Stunde (plus Backzeit)

Den **Honig** mit dem **Zucker** und der **Butter** langsam erhitzen, bis sich der **Zucker** aufgelöst hat. Alles in eine Schüssel geben, etwas abkühlen lassen. Den Backofen auf 180 °C (Umluft 160 °C) vorheizen. **Mehl** und **Backpulver** gut vermischen. **Ei** trennen. **Mehlmischung, Eigelb, Zitronenschale, Nüsse, Gewürze** und **Salz** unter die noch lauwarme **Honigmasse** rühren. Auf leicht bemehlter Arbeitsfläche einen glatten Teig kneten, diesen etwa 1 cm dick ausrollen. Figuren ausstechen und auf ein mit Backpapier belegtes Backblech legen. Im Ofen etwa 12 Minuten backen. Auskühlen lassen.

Das **Eiweiß** steif schlagen. **Puderzucker** unterrühren. Guss teilweise mit roter **Lebensmittelfarbe** rosa färben. Die **Shaun-Plätzchen** mit weißem und die **Schweine-Plätzchen** mit rosa **Guss** bestreichen. Die **Zartbitterkuvertüre** klein hacken und im heißen Wasserbad schmelzen. In eine kleine Spritztüte aus Pergamentpapier füllen und die Figuren damit gestalten. Anschließend den Guss nach Belieben mit **Zuckerperlen** oder **Dekorzucker** verzieren, trocknen lassen.

Honigkuchen

Für ca. 60 Stück

350 g Honig

120 g Zucker

200 g Butter

2 Eier

1 El Lebkuchengewürz

1 Tl abgeriebene Schale von
1 unbehandelten Orange

2 Tl Zimt

500 g Mehl

1 Päckchen Backpulver

1 El Kakaopulver

1/8 l Milch

150 g Zitronat

100 g Orangeat

100 g Haselnüsse (gehackt)

30 g Belegkirschen

100 g Mandelblättchen

1 Eiweiß

Zubereitungszeit: ca. 30 Minuten
(plus Backzeit)

Den **Honig** mit dem **Zucker** und der **Butter** in einen Topf geben und bei mäßiger Hitze schmelzen, in eine Rührschüssel geben und kalt stellen. **Eier, Lebkuchengewürz, Orangenschale** und **Zimt** mit den Schneebesen eines Handrührgeräts auf höchster Stufe unter die **Honigmasse** rühren. Das **Mehl** mit **Backpulver** und **Kakao** mischen und mit dem Handrührgerät auf mittlerer Stufe abwechselnd mit der **Milch** unter die **Honigmasse** rühren. **Zitronat** und **Orangeat** sehr fein hacken und zusammen mit den **Haselnüssen** unter den Teig heben. Den Backofen auf 180 °C (Umluft 160 °C) vorheizen. Ein Backblech mit Backpapier auslegen und den Teig gleichmäßig darauf verteilen. **Belegkirschen** vierteln. Mit Lineal und Messer auf dem Teig 5 x 5 cm große Stücke markieren, zum Schluss mit **Mandelblättchen** und Belegkirschen garnieren.

Für den Guss das **Eiweiß** mit 1 El Wasser verquirlen und den Teig damit bestreichen. Auf der mittleren Schiene etwa 30 Minuten backen. Dann in Stücke schneiden.

Das **Orangeat** und **Zitronat** fein hacken. Die **Marzipanrohmasse** mit 1 **Eiweiß** glatt rühren. Die **Nüsse** mit der Hälfte des **Zuckers** mischen. Die **Nussmischung** unter die **Marzipan-Eiweiß-Masse** rühren. Das **Hirschhornsalz** in 1 El Wasser auflösen. Die restlichen **Eiweiße** mit dem restlichen **Zucker** und 1 Prise **Salz** steif schlagen. Die Hälfte des **Eischnees** unter die **Nuss-Marzipan-Mischung** rühren, den restlichen **Eischnee** mit dem Schneebesen unterheben. **Orangeat, Zitronat, Mehl** und die **Gewürze** unter die Masse rühren. Zuletzt das **Hirschhornsalz** zugeben und unterrühren. Zwei Backbleche mit Backpapier auslegen. Die **Oblaten** darauflegen. Die Teigmasse in einen Spritzbeutel mit großer Lochtülle geben und auf die Oblaten spritzen. Rundherum einen kleinen Rand stehen lassen. Die **Elisen-Lebkuchen** über Nacht trocknen lassen. Den Backofen auf 170 °C (Umluft 150 °C) vorheizen. Die **Lebkuchen** etwa 10 bis 12 Minuten backen. Abkühlen lassen. Die **Kuvertüre** unter Rühren schmelzen. **Elisen-Lebkuchen** mit der **Kuvertüre** überziehen und mit gehackten **Nüssen** bestreuen.

Elisen-Lebkuchen

Für ca. 35 Stück

je 25 g Orangeat und Zitronat

125 g Marzipanrohmasse

3 Eiweiß

je 25 g gemahlene Mandeln und Haselnüsse

125 g Zucker

1/4 Tl Hirschhornsalz

Salz

30 g Mehl

1 Prise Piment

1 Prise Kardamom

1/2 Tl Zimt

35 Backoblaten (7 cm Durchmesser)

100 g Halbbitterkuvertüre

gehackte Nüsse

Zubereitungszeit: ca. 40 Minuten
(plus Ruhe- und Backzeit)

Lebkuchenschnecken

Für ca. 60 Stück

185 g Honig
125 g Zucker
25 g Butter
1 Ei
1/2 Päckchen Lebkuchengewürz
375 g Mehl
1/2 Tl Hirschhornsalz
3 El Milch
1/2 Tl Pottasche
100 g gemahlene Haselnüsse
1 Eiweiß
2 El Sahne
1 Tl Zimt
150 g Pflaumenmus

Zubereitungszeit: ca. 45 Minuten
(plus Ruhe-, Gefrier- und Backzeit)

165 g **Honig** mit 100 g **Zucker,** 3 El Wasser und der **Butter** in einem Topf unter Rühren erwärmen, bis sich der Zucker gelöst hat. Auf Zimmertemperatur abkühlen lassen. Das **Ei** mit dem restlichen Zucker schaumig rühren. Die Honigmischung mit dem **Lebkuchengewürz** und dem **Mehl** zum Teig geben. Das **Hirschhornsalz** in 1 El **Milch** auflösen und unterrühren. Die **Pottasche** in der restlichen Milch auflösen, unterrühren und den Teig kneten, bis er glänzt. Den Teig abgedeckt über Nacht in den Kühlschrank stellen.

Für die Nussfüllung die **Haselnüsse** in einer Pfanne ohne Fett rösten. Abkühlen lassen und mit **Eiweiß, Sahne,** restlichem **Honig** und **Zimt** mischen. Den Teig in zwei Teile teilen und auf Backpapier zu Rechtecken von 30 x 20 cm ausrollen. Ein Rechteck mit der Nussmischung, das andere mit dem **Pflaumenmus** bestreichen. Beide Teigplatten von den Längsseiten her zu Schnecken zusammenrollen. Die Rollen 1 Stunde in den Gefrierschrank legen. Den Backofen auf 160 °C (Umluft 140 °C) vorheizen. Die Teigrollen in 1 cm dicke Scheiben schneiden und auf ein mit Backpapier ausgelegtes Backblech legen. Im Ofen 8 bis 10 Minuten backen. Abkühlen lassen.

Nürnberger Lebkuchen

Für ca. 45 Stück

- 150 g Honig
- 50 g brauner Zucker
- 50 g Butter
- 1 Eigelb
- 1 Tl Kakaopulver
- 1 Tl abgeriebene Schale von 1 unbehandelten Zitrone
- 2 Tl Lebkuchengewürz
- 250 g Mehl
- 3 Tl Backpulver
- 100 g Haselnüsse (gemahlen)
- 75 g Mandelstifte
- 50 g Rosinen
- 50 g Orangeat
- 200 g Puderzucker
- 1 Eiweiß

Zubereitungszeit: ca. 40 Minuten (plus Backzeit)

In einem Topf den **Honig** mit dem **Zucker** und der **Butter** unter Rühren erwärmen. Das Ganze in eine Rührschüssel geben und kalt werden lassen. Mit den Knethaken eines Handrührgeräts **Eigelb, Kakao, Zitronenschale** und **Lebkuchengewürz** unter die fast erkaltete Masse kneten. Das **Mehl** sieben und mit dem **Backpulver,** den **Haselnüssen,** den **Mandeln,** den **Rosinen** und dem **Orangeat** vermischen. Unter den Teig kneten. Backofen auf 180 °C (Umluft 160 °C) vorheizen. Den Teig etwa 1/2 cm dick ausrollen, runde Plätzchen von etwa 8 cm Ø ausstechen und auf ein mit Backpapier belegtes Backblech legen. Auf der mittleren Schiene etwa 15 Minuten backen. Etwas abkühlen lassen. Für den Guss den gesiebten **Puderzucker** mit dem **Eiweiß** zu einer dickflüssigen Masse verrühren. **Lebkuchen** damit überziehen und trocknen lassen.

Basler Leckerli

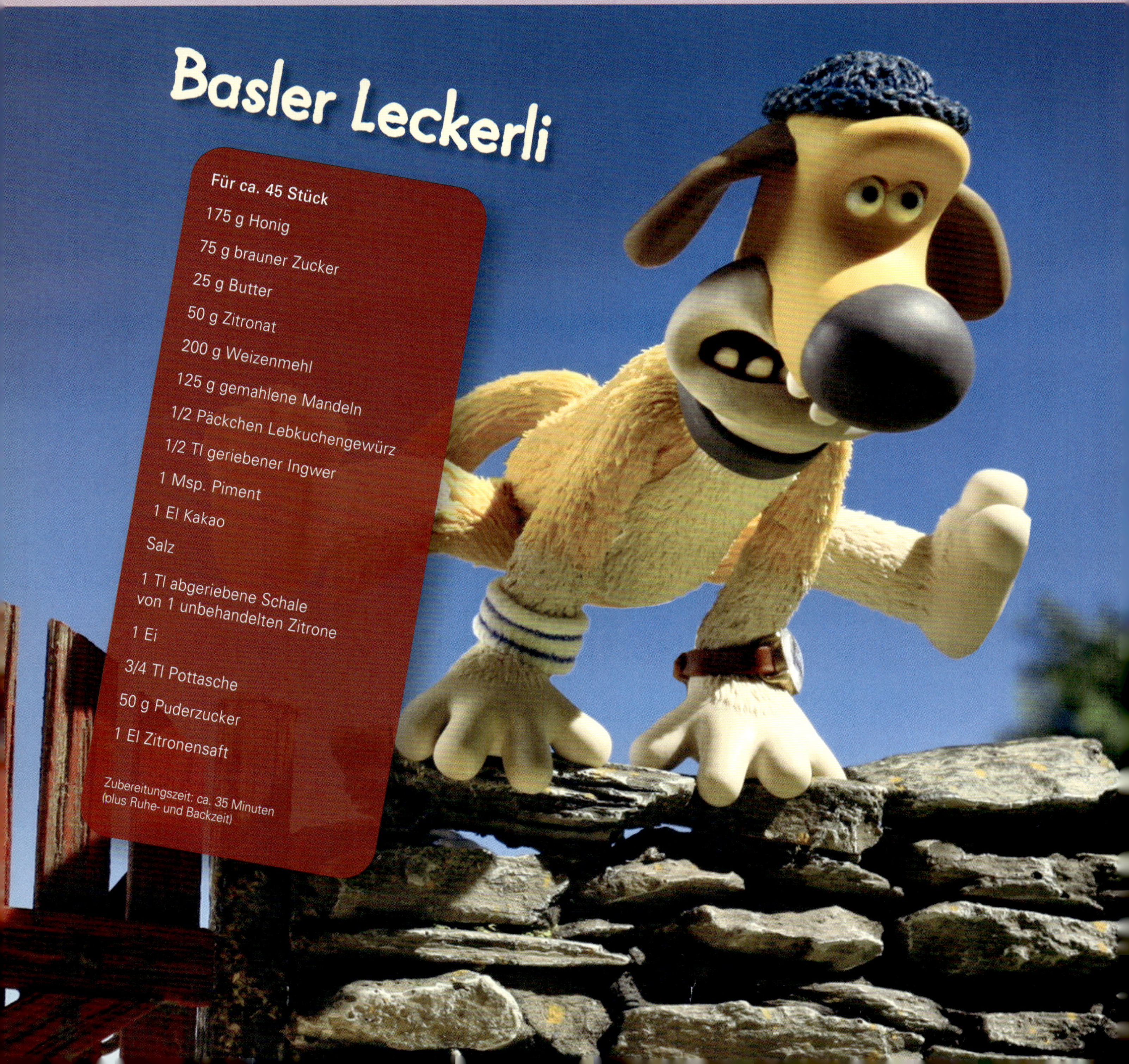

Für ca. 45 Stück

175 g Honig
75 g brauner Zucker
25 g Butter
50 g Zitronat
200 g Weizenmehl
125 g gemahlene Mandeln
1/2 Päckchen Lebkuchengewürz
1/2 Tl geriebener Ingwer
1 Msp. Piment
1 El Kakao
Salz
1 Tl abgeriebene Schale von 1 unbehandelten Zitrone
1 Ei
3/4 Tl Pottasche
50 g Puderzucker
1 El Zitronensaft

Zubereitungszeit: ca. 35 Minuten (plus Ruhe- und Backzeit)

Den **Honig** mit dem **Zucker** und der **Butter** in einem Topf unter Rühren erwärmen, bis sich der **Zucker** gelöst hat. Abkühlen lassen. Das **Zitronat** hacken. Das **Mehl** mit den **Mandeln**, den **Gewürzen**, dem **Kakao**, **Salz** und der **Zitronenschale** mischen. Die **Mehlmischung**, das **Ei** und die **Honigmischung** zu einem glatten Teig verarbeiten. Die Pottasche in 1 El Wasser auflösen und unter den Teig kneten. Den Teig auf die Hälfte eines mit Backpapier ausgelegten Backbleches streichen und abgedeckt über Nacht in den Kühlschrank stellen. Den Backofen auf 180 °C (Umluft 160 °C) vorheizen. Den Teig 30 bis 40 Minuten backen. Den **Puderzucker** mit dem **Zitronensaft** zu einem Guss verrühren. Den heißen **Kuchen** damit bestreichen. Etwas abkühlen lassen, dann in 3 x 3 cm große Würfel schneiden. Auskühlen lassen.

Pfeffernüsse

Für ca. 50 Stück

250 g Mehl

1 Tl Backpulver

150 g brauner Zucker

1 Prise Salz

1 Msp. Kardamom (gemahlen)

1 Msp. Gewürznelke (gemahlen)

1 Tl Zimt

1 Ei

3 El Milch

100 g Butter

50 g Mandeln (gemahlen)

50 g Zitronat

250 g Puderzucker

3 El Zitronensaft

Mehl für die Arbeitsfläche

Das **Mehl** mit dem **Backpulver** in eine Rührschüssel geben. **Zucker, Salz, Kardamom, Nelke, Zimt, Ei** und **Milch** dazugeben. Die **Butter** in Stücke schneiden und mit **Mandeln** und **Zitronat** hinzufügen. Mit den Knethaken eines Handrührgerätes gut durcharbeiten. Auf der bemehlten Arbeitsfläche zu einem glatten Teig verkneten. Den Teig etwa 1 Stunde kalt stellen. Den Backofen auf 180 °C (Umluft 160 °C) vorheizen. Den Teig etwa 2 cm dick ausrollen. Runde Plätzchen von etwa 3 cm Ø ausstechen und auf ein mit Backpapier ausgelegtes Backblech setzen. Auf der mittleren Schiene etwa 15 Minuten backen. Abkühlen lassen. Für den Guss den gesiebten **Puderzucker** mit dem **Zitronensaft** zu einer dickflüssigen Masse verrühren und die **Pfefferkuchen** damit überziehen.

Echt heiß!

Die **Butter** mit dem **Zucker** schaumig rühren, die **Eier** und den **Vanillezucker** zugeben. Das **Mehl** mit **Salz** und **Natron** mischen, darübersieben und unterrühren. Die **Schokolade** hacken und unter den **Teig** heben.

Den Backofen auf 200 °C (Umluft 180 °C) vorheizen. Mit Hilfe von zwei Teelöffeln vom **Teig** kleine Häufchen abstechen und in möglichst großem Abstand auf gefettete Bleche setzen. Etwas flachdrücken.

Die **Cookies** im Ofen 10 bis 12 Minuten backen.

American Cookies

Für ca. 60 Stück

150 g Butter
250 g brauner Zucker
2 Eier
2 Tl Vanillezucker
200 g Mehl
1 Tl Salz
1 Tl Natron
150 g Edelbitterschokolade
Fett für die Bleche

Zubereitungszeit: ca. 15 Minuten (plus Backzeit)

Das **Mehl** in eine Schüssel sieben. **Natron, Salz** und **Zimt** dazugeben und alles miteinander vermischen.

Die **Butter** in einer Schüssel cremig rühren. Den **Zucker** und **Vanillezucker** einrieseln lassen und mit der **Butter** schaumig schlagen. Den **Zuckerrübensirup** und nacheinander die **Eier** dazugeben, diese jeweils einzeln gut unterrühren. Die **Mehlmischung** nach und nach zu der **Buttermischung** geben und das Ganze zu einem glatten **Teig** verarbeiten. **Haselnüsse, Cornflakes** und **Haferflocken** zum **Teig** geben und mit einem großen Löffel vorsichtig unterheben. Den Backofen auf 180 °C (Umluft 160 °C) vorheizen.

Ein Backblech mit Backpapier auslegen. Aus dem **Teig** etwa 4 cm große Bällchen formen und diese mit etwa 8 cm Abstand nebeneinander auf das Backblech legen. Die **Kekse** auf der mittleren Schiene in etwa 15 Minuten goldbraun backen. Die **Cookies** auf dem Blech abkühlen lassen.

Cornflakes-Cookies

Für ca. 30 Stück

300 g Mehl
1 Tl Natron
1/2 Tl Salz
1 Tl Zimt
250 g weiche Butter
200 g Zucker
1 Päckchen Vanillezucker
2 El Zuckerrübensirup
2 Eier
100 g Haselnüsse (fein gehackt)
60 g Cornflakes
100 g zarte Haferflocken

Zubereitungszeit: ca. 20 Minuten (plus Backzeit)

Krokantcookies

Für ca. 25 Stück

100 g Pekannüsse
150 g Zucker
100 g Butter
200 g brauner Zucker
2 El Ahornsirup
1 Ei
250 g Mehl
1 Tl Backpulver
1/4 Tl Natron
1 Prise Salz
Fett für die Alufolie

Zubereitungszeit: ca. 40 Minuten (plus Auskühl- und Backzeit)

Für den **Krokant** die **Pekannüsse** hacken und in einer Pfanne rösten. Auf einem Teller abkühlen lassen. **Zucker** in einer beschichteten Pfanne langsam und bei kleiner Hitze schmelzen, bis er bernsteinfarben karamellisiert ist. Die **Pekannüsse** schnell unterrühren, die Masse auf eine eingefettete Alufolie gießen und abkühlen lassen. Die erhärtete Masse in einen Gefrierbeutel geben und mit einem Nudelholz zerkrümeln.

Die **Butter** in einer Rührschüssel cremig rühren. Unter ständigem Rühren den braunen **Zucker** einrieseln lassen. Den **Ahornsirup** und das **Ei** dazugeben und unterrühren.

Das **Mehl** in eine Schüssel sieben. **Backpulver, Natron** und **Salz** dazugeben. Die Mehlmischung nach und nach zum **Teig** geben und das Ganze zu einem glatten **Teig** verrühren. Zum Schluss die Hälfte des **Krokants** unter den **Teig** rühren.

Den Backofen auf 180 °C (Umluft 160 °C) vorheizen. Ein Backblech mit Backpapier auslegen. Aus dem **Teig** etwa 4 cm große Bällchen formen und diese mit etwa 8 cm Abstand auf das Blech geben. Die **Kekse** mit den restlichen **Krokantkrümeln** bestreuen und auf der mittleren Schiene in etwa 15 Minuten goldbraun backen. Die **Cookies** auf dem Blech abkühlen lassen.

Für die Füllung von den **Feigen** die Stiele entfernen. Mit **Rosinen, Orangeat, Mandeln** und zerbröckelter **Schokolade** im Blitzhacker zu einer klumpigen Masse zerkleinern. **Gewürze** unterrühren. Kalt stellen. Für den Teig **Mehl, Backpulver** und **Zucker** mischen, **Butterflöckchen, Ei** und 1 **Eigelb** zugeben, krümelig verkneten, dann geschmeidig verkneten. **Teig** in Folie gewickelt 30 Minuten kalt stellen.

Backofen auf 180 °C (Umluft 160 °C) vorheizen. Auf der leicht bemehlten Arbeitsfläche oder zwischen 2 aufgeschnittenen Gefrierbeuteln die Hälfte des Teiges (Rest kalt stellen) zu einem Rechteck von 8 x 30 cm und 3 mm Dicke ausrollen. Hälfte der Füllung (Rest kühlen) zu einer Rolle von 30 cm Länge und 2 cm Durchmesser formen. Die Rolle längs so auf das Teigstück legen, dass noch jeweils 2 cm Rand überstehen. Restliches **Eigelb** und **Milch** verrühren, Teigränder damit bestreichen.

Teig von der langen Seite über der Füllung aufrollen. Rolle schräg in 2,5 cm dicke Scheiben schneiden, mit der Gabel ein Rillenmuster in die Plätzchen drücken und diese mit **Eiermilch** bestreichen. Die Schnitten auf ein mit Backpapier ausgelegtes Backblech setzen und ca. 20 Minuten goldgelb backen. Mit dem restlichen **Teig** und der Füllung ebenso verfahren.

Feigenschnitten

Für ca. 60 Stück

300 g getrocknete Softfeigen

100 g Rosinen

40 g Orangeat

50 g Mandeln (gehackt)

60 g Zartbitterschokolade

je 1/2 Tl Zimt und Gewürznelken (gemahlen)

250 g Mehl

1 Tl Backpulver

125 g Zucker

100 g Butter

1 Ei

2 Eigelb

1 El Milch

Mehl für die Arbeitsfläche

Zubereitungszeit: ca. 50 Minuten (plus Kühl- und Backzeit)

Mehl, Mandeln und **Backpulver** in einer Rührschüssel miteinander vermischen. **Butter** in Stücken, 130 g **Zucker,** 50 g **Marzipan** zerbröselt und 1 **Ei** dazugeben und alles rasch zu einem **Teig** verkneten. Den **Teig** etwa 1 Stunde kühl stellen. Inzwischen die restliche **Marzipanrohmasse** mit dem restlichen **Zucker** und Ei verkneten und in einen Spritzbeutel mit dünner Sterntülle füllen.

Den Backofen auf 180 °C (Umluft 160 °C) vorheizen. Den **Mürbeteig** portionsweise etwa 1/2 cm dick auf einer bemehlten Arbeitsfläche ausrollen. Herzen ausstechen und auf ein mit Backpapier ausgelegtes Backblech setzen. Die **Marzipanmasse** an den Rand der Herzen spritzen. Die Plätzchen auf mittlerer Schiene etwa 12 Minuten backen.

Die Herzen auskühlen lassen. Die **Gelees** getrennt erwärmen und die Mitte der Herzen mit **Apfelgelee** oder **Johannisbeergelee** bestreichen.

Geleeherzen

Für ca. 50 Stück

250 g Mehl
50 g Mandeln (abgezogen, gemahlen)
1/2 Tl Backpulver
150 g weiche Butter
180 g Zucker
300 g Marzipanrohmasse
2 Eier
100 g Apfelgelee
100 g Johannisbeergelee
Mehl für die Arbeitsfläche

Zubereitungszeit: ca. 1 Stunde
(plus Kühl- und Backzeit)

Cappuccinokipferln

Für ca. 50 Stück

20 g Instant-Cappuccinopulver

300 g Mehl

50 g Haselnüsse (gemahlen)

50 g Mandeln (gemahlen)

100 g Zucker

200 g Butter

50 g Zartbitterkuvertüre

50 g weiße Kuvertüre

Mehl für die Arbeitsfläche

Zubereitungszeit ca. 50 Minuten (plus Kühl- und Backzeit)

Das **Cappuccinopulver** in 50 ml heißem Wasser auflösen und erkalten lassen. Das **Mehl** sieben, mit den **Haselnüssen, Mandeln** und **Zucker** mischen. Die **Butter** in Stücke schneiden und hinzufügen und alles zu einem festen **Teig** verkneten. Zum Schluss den erkalteten **Cappuccino** unterkneten. Das Ganze etwa 1 Stunde kühl stellen. Den Backofen auf 180 °C (Umluft 160 °C) vorheizen. Ein Backblech mit Backpapier auslegen. Den **Teig** portionieren. Jedes Stück zu einem fingerdicken Strang ausrollen. Jeden Strang in 5 cm lange Stücke schneiden und diese zu **Kipferln** formen. Im Abstand von 3 cm auf das Blech legen. Die **Plätzchen** auf der mittleren Schiene etwa 15 Minuten backen. Die **Kipferln** auf einem Kuchengitter auskühlen lassen. Die beiden **Kuvertüren** getrennt voneinander im Wasserbad schmelzen und jeweils in einen Gefrierbeutel geben. Eine Ecke vom Beutel schneiden und die **Kipferln** mit weißer und dunkler **Kuvertüre** verzieren.

Glückskuchen

Das **Mehl** auf eine Arbeitsfläche sieben, die **Gewürze** darüberstreuen. Den **Zucker** zugeben und in die Mitte eine Mulde drücken. Die **Eier** und das **Öl** in die Mulde geben.

Alle Zutaten von außen nach innen mit den Händen zu einem festen **Teig** verkneten. Den **Teig** auf einer bemehlten Arbeitsfläche dünn ausrollen und Quadrate (ca. 5 x 5 cm) ausschneiden.

Die Quadrate mit den Glücksbotschaften belegen und die Ecken zur Mitte hin zusammenlegen. Die Ränder mit verquirltem **Eiweiß** bestreichen.

Ausreichend **Fett** in einem Topf erhitzen und die Glückskuchen darin goldgelb ausbacken. Auf Küchenpapier abtropfen und abkühlen lassen.

Für ca. 25 Stück

250 g Mehl
1/2 Tl gemahlener Anis
1 Msp. Kardamom
1 Msp. Nelkenpulver
1 Msp. Salz
75 g brauner Zucker
3 Eier
2 El Öl
kleine Glücksbotschaften als Füllung
1 Eiweiß
Mehl für die Arbeitsfläche
Fett zum Ausbacken

Zubereitungszeit: ca. 30 Minuten
(plus Frittierzeit)

Brownies

Für ca. 40 Stück

125 g Bitterschokolade
100 g weiche Butter
2 Eier
200 g brauner Zucker
1 Päckchen Vanillezucker
150 g Mehl
je 1/2 Tl Salz und Backpulver
100 g gemahlene Walnüsse
40 Pecannusshälften
Puderzucker zum Bestreuen

Zubereitungszeit: ca. 30 Minuten
(plus Backzeit)

Den Backofen auf 190 °C (Umluft 170 °C) vorheizen. Die **Schokolade** in einem kleinen Topf bei geringer Hitze oder im Wasserbad unter Rühren glatt rühren, beiseitestellen und leicht abkühlen lassen. Die **Butter, Eier** und den **Zucker** mit dem elektrischen Handrührgerät in einer Schüssel cremig rühren. Den **Vanillezucker** zugeben und gut verrühren. Die **Schokolade** in die **Eiermischung** rühren. **Mehl, Salz** und **Backpulver** zugeben und alles zu einem glatten Teig verrühren. Die **Walnüsse** unterheben, den Teig auf die Hälfte eines mit Backpapier ausgelegten Bleches streichen und gleichmäßig verteilen. Im Ofen etwa 30 Minuten backen, bis die Kuchenmitte fest ist. Abkühlen lassen und in 3 x 3 cm große Würfel schneiden. Mit **Pecannusshälften** belegen und mit **Puderzucker** bestreuen.

Cranberrytaler

Den Backofen auf 190 °C (Umluft 170 °C) vorheizen. Die **Butter** mit dem **Zucker** schaumig rühren. Das **Ei** zugeben. Die **Haferflocken** mit dem **Mehl,** dem **Backpulver** und dem **Salz** mischen und unter die **Buttermischung** rühren. Die **Cranberries** unterheben. Die **Schokolade** hacken und ebenfalls unterheben. Alles zu einem glatten **Teig** verrühren.

Auf zwei mit Backpapier ausgelegte Bleche kleine Teigkugeln setzen und flachdrücken. Im Ofen etwa 10 bis 12 Minuten backen.

Für ca. 20 Stück

- 150 g Butter
- 150 g brauner Zucker
- 1 Ei
- 250 g grobe Haferflocken
- 75 g Mehl
- 1 Tl Backpulver
- 1 Prise Salz
- 100 g Cranberries
- 150 g weiße Schokolade mit Kokos

Zubereitungszeit: ca. 40 Minuten
(plus Backzeit)

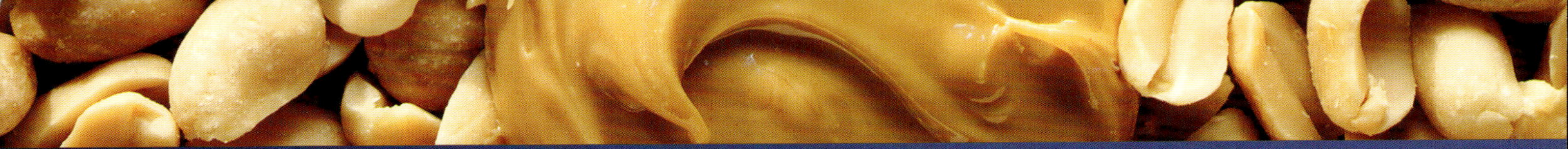

Das **Mehl** mit dem **Backpulver** und **Natron** in eine Schüssel sieben und das **Salz** zugeben. Die **Margarine** und die **Erdnussbutter** weich werden lassen. Beides mit dem gesamten Zucker in einer zweiten Schüssel mit dem elektrischen Handrührgerät schaumig schlagen. Die **Eier** nach und nach zugeben und gut unterrühren. Die **Mehlmischung** zugeben und alles zu einem glatten **Teig** verarbeiten.

Den Backofen auf 175 °C (Umluft 150 °C) vorheizen. Den **Teig** mit angefeuchteten Händen zu 2 bis 3 cm großen Kugeln formen und auf ein mit Backpapier belegtes Backblech setzen. Jede Kugel mit einem Löffel flachdrücken. Mit gehackten **Erdnüssen** bestreuen und im Ofen etwa 10 bis 12 Minuten goldbraun backen, dann auf einem Kuchengitter abkühlen lassen.

Erdnussbutterplätzchen

Für ca. 25 Stück

250 g Mehl
1 Tl Backpulver
1/2 Tl Natron
1/4 Tl Salz
125 g Margarine
125 g Erdnussbutter
je 100 g brauner und weißer Zucker
2 Eier
50 g grob gehackte Erdnüsse

Zubereitungszeit: ca. 30 Minuten (plus Backzeit)

Anisfinger

Für ca. 50 Stück

1 Ei
100 ml Olivenöl
80 g Zucker
1 Tl gemahlene Vanille
1 1/2 Tl Anis
250 g Mehl
1 Tl Backpulver
1 El Milch
Mehl für die Arbeitsfläche
Fett für die Bleche

Zubereitungszeit: ca. 30 Minuten
(plus Ruhe- und Backzeit)

Das **Ei** mit dem **Öl, Zucker** und der **Vanille** schaumig rühren. Die **Anissamen** im Mörser zerkleinern und unter die Eicreme rühren. Das **Mehl** mit dem **Backpulver** mischen und unter die Creme heben. Alles zu einem glatten Teig verkneten. Bei Bedarf **Milch** zugeben. Den Teig zu einer Rolle formen und 30 Minuten kühl stellen. Den Backofen auf 160 °C (Umluft 140 °C) vorheizen. Zwei Backbleche einfetten. Die Teigrolle in 50 Scheiben schneiden und daraus mit bemehlten Händen fingerlange Rollen formen. Die Enden spitz zulaufen lassen. Die Finger im Ofen etwa 16 bis 18 Minuten backen. Abkühlen lassen.

Shortbreadfingers

Die **Butter** in Stücke schneiden und mit dem **Zucker** in einer Schüssel verkneten. **Salz** zufügen. Das **Mehl** darübersieben und mit den Händen unterkneten. Den Teig zu einer Kugel formen, in Folie wickeln und 1 Stunde im Kühlschrank ruhen lassen. Den Backofen auf 180 °C (Umluft 160 °C) vorheizen. Ein Backblech einfetten. Den Teig etwa 11/2 cm dick ausrollen und auf das Backblech legen. Die Ränder gerade schneiden und mit Alufolie abdecken. Den Teig mehrmals mit einer Gabel einstechen. Den Teig im Ofen etwa 30 Minuten backen. Anschließend kurz abkühlen lassen, dann in rechteckige, etwa fingerlange Stücke schneiden und mit **Zucker** bestreuen.

Für ca. 35 Stück

150 g kalte Butter
50 g Zucker
1 Prise Salz
200 g Mehl
Hagelzucker zum Bestreuen
Mehl für die Arbeitsfläche
Fett für das Blech

Zubereitungszeit: ca. 25 Minuten
(plus Ruhe- und Backzeit)

Ingwerplätzchen

Für ca. 60 Stück

80 g Butter

60 g Zucker

1 Ei

1 1/2 El Rübensirup

1 Päckchen Vanillezucker

150 g Mehl

1 Tl gemahlener Ingwer

1Tl Zimt

1 Tl Backpulver

1/2 Tl Natron

1 Msp. gemahlene Nelken

1 Prise Salz

40 g kandierter Ingwer

100 g Puderzucker

1 1/2 El Zitronensaft

Zubereitungszeit: ca. 40 Minuten
(plus Ruhe-, Back- und Abkühlzeit)

Die **Butter** mit dem **Zucker** schaumig rühren. Das **Ei,** den **Rübensirup** und den **Vanillezucker** zugeben. Das **Mehl** mit dem gemahlenen **Ingwer, Zimt, Backpulver, Natron,** den **Nelken** und dem **Salz** mischen. Die Hälfte über die **Eimischung** sieben und unterrühren, dann die andere Hälfte unterkneten. Den Teig in Folie wickeln und 1 Stunde kalt ruhen lassen. Den Backofen auf 180 °C (Umluft 160 °C) vorheizen. Aus dem Teig mit bemehlten Händen kleine Kugeln formen und in ausreichendem Abstand auf mit Backpapier ausgelegte Bleche legen und flachdrücken. Im Ofen etwa 6 Minuten backen. Die Plätzchen vom Blech nehmen und abkühlen lassen. Den kandierten **Ingwer** in Streifen schneiden, den **Puderzucker** mit dem **Zitronensaft** zu einem Guss verrühren. Jedes Plätzchen mit Guss bestreichen und mit **Ingwerstreifen** belegen.

Baiserherzen

Für ca. 45 Stück

150 g Honig

50 g brauner Zucker

50 g Butter

1 Eigelb

1 Tl Kakaopulver

1 Tl abgeriebene Schale von 1 unbehandelten Zitrone

2 Tl Lebkuchengewürz

250 g Mehl

3 Tl Backpulver

100 g Haselnüsse (gemahlen)

75 g Mandelstifte

50 g Rosinen

50 g Orangeat

200 g Puderzucker

1 Eiweiß

Zubereitungszeit: ca. 40 Minuten (plus Backzeit)

In einem Topf den **Honig** mit dem **Zucker** und der **Butter** unter Rühren erwärmen. Das Ganze in eine Rührschüssel geben und kalt werden lassen. Mit den Knethaken eines Handrührgeräts **Eigelb**, **Kakao**, **Zitronenschale** und **Lebkuchengewürz** unter die fast erkaltete Masse kneten. Das **Mehl** sieben und mit dem **Backpulver**, den **Haselnüssen**, den **Mandeln**, den **Rosinen** und dem **Orangeat** vermischen. Unter den Teig kneten. Backofen auf 180 °C (Umluft 160 °C) vorheizen. Den Teig etwa 1/2 cm dick ausrollen, runde Plätzchen von etwa 8 cm Ø ausstechen und auf ein mit Backpapier belegtes Backblech legen. Auf der mittleren Schiene etwa 15 Minuten backen. Etwas abkühlen lassen. Für den Guss den gesiebten **Puderzucker** mit dem **Eiweiß** zu einer dickflüssigen Masse verrühren. **Lebkuchen** damit überziehen und trocknen lassen.

Kürbiskern-splitter

Für ca. 45 Stück

175 g Honig

75 g brauner Zucker

25 g Butter

50 g Zitronat

200 g Weizenmehl

125 g gemahlene Mandeln

1/2 Päckchen Lebkuchengewürz

1/2 Tl geriebener Ingwer

1 Msp. Piment

1 El Kakao

Salz

1 Tl abgeriebene Schale
von 1 unbehandelten Zitrone

1 Ei

3/4 Tl Pottasche

50 g Puderzucker

1 El Zitronensaft

Zubereitungszeit: ca. 35 Minuten
(plus Ruhe- und Backzeit)

Den **Honig** mit dem **Zucker** und der **Butter** in einem Topf unter Rühren erwärmen, bis sich der **Zucker** gelöst hat. Abkühlen lassen. Das **Zitronat** hacken. Das **Mehl** mit den **Mandeln,** den **Gewürzen,** dem **Kakao, Salz** und der **Zitronenschale** mischen. Die **Mehlmischung,** das **Ei** und die **Honigmischung** zu einem glatten Teig verarbeiten. Die Pottasche in 1 El Wasser auflösen und unter den Teig kneten. Den Teig auf die Hälfte eines mit Backpapier ausgelegten Backbleches streichen und abgedeckt über Nacht in den Kühlschrank stellen. Den Backofen auf 180 °C (Umluft 160 °C) vorheizen. Den Teig 30 bis 40 Minuten backen. Den **Puderzucker** mit dem **Zitronensaft** zu einem Guss verrühren. Den heißen **Kuchen** damit bestreichen. Etwas abkühlen lassen, dann in 3 x 3 cm große Würfel schneiden. Auskühlen lassen.

Weihnachts-bäumchen

Für ca. 50 Stück

250 g Mehl
1 Tl Backpulver
150 g brauner Zucker
1 Prise Salz
1 Msp. Kardamom (gemahlen)
1 Msp. Gewürznelke (gemahlen)
1 Tl Zimt
1 Ei
3 El Milch
100 g Butter
50 g Mandeln (gemahlen)
50 g Zitronat
250 g Puderzucker
3 El Zitronensaft
Mehl für die Arbeitsfläche

Das **Mehl** mit dem **Backpulver** in eine Rührschüssel geben. **Zucker, Salz, Kardamom, Nelke, Zimt, Ei** und **Milch** dazugeben. Die **Butter** in Stücke schneiden und mit **Mandeln** und **Zitronat** hinzufügen. Mit den Knethaken eines Handrührgerätes gut durcharbeiten. Auf der bemehlten Arbeitsfläche zu einem glatten Teig verkneten. Den Teig etwa 1 Stunde kalt stellen. Den Backofen auf 180 °C (Umluft 160 °C) vorheizen. Den Teig etwa 2 cm dick ausrollen. Runde Plätzchen von etwa 3 cm Ø ausstechen und auf ein mit Backpapier ausgelegtes Backblech setzen. Auf der mittleren Schiene etwa 15 Minuten backen. Abkühlen lassen. Für den Guss den gesiebten **Puderzucker** mit dem **Zitronensaft** zu einer dickflüssigen Masse verrühren und die **Pfefferkuchen** damit überziehen.

Cashew-Walnuss-Plätzchen

Den Backofen auf 180 °C (Umluft 160 °C) vorheizen. Den **Sirup** mit dem **Zucker** und der weichen **Butter** schaumig rühren. Die **Eier**, das **Vanillemark**, **Salz** und die gehackten **Cashewkerne** zugeben. Das **Mehl** mit dem **Backpulver** mischen und unter die Masse heben. Alles zu einem glatten Teig verrühren. Mit zwei Teelöffeln kleine Teighäufchen auf zwei gefettete Backbleche setzen. Die **Walnüsse** halbieren und auf jedes Teighäufchen eine halbe **Walnuss** drücken. Die Plätzchen im Ofen 12 bis 15 Minuten backen. Auf einem Kuchengitter abkühlen lassen.

Für ca. 40 Stück

150 g Ahornsirup
100 g brauner Zucker
100 g Butter
2 Eier
Mark von 1 Vanilleschote
1 Prise Salz
150 g gehackte Cashewkerne
300 g Mehl
1 Tl Backpulver
20 Walnüsse
Fett für die Bleche

Zubereitungszeit: ca. 30 Minuten
(plus Backzeit)

Erdnusstaler

Die weiche **Butter** mit dem **Zucker** und dem **Vanillemark** schaumig rühren. 1 Prise **Salz**, das **Ei** und das **Mehl**, das mit dem **Backpulver** vermischt wurde, zugeben und unterrühren. Die **Schokolade** und die **Erdnüsse** hacken. Die Hälfte von beiden unter den Teig heben. Den Backofen auf 175 °C (Umluft 150 °C) vorheizen. Ein Backblech mit Backpapier auslegen. Mit zwei angefeuchteten Teelöffeln kleine **Teighäufchen** auf das Backblech setzen und glatt streichen. Restliche **Schokolade** und **Erdnüsse** darüberstreuen. Die **Erdnusstaler** im Ofen etwa 5 Minuten backen. Abkühlen lassen.

Für ca. 40 Stück

150 g Butter

80 g Rohrzucker

Mark von 1 Vanilleschote

Salz

1 Ei

100 g Mehl (Type 1050)

1 Tl Backpulver

200 g weiße Schokolade

200 g geschälte, ungesalzene Erdnüsse

Zubereitungszeit: ca. 45 Minuten (plus Backzeit)

Bethmännchen

Für ca. 40 Stück

250 g Marzipanrohmasse
1 Eiweiß
1 El Mehl
75 g Puderzucker
Salz
120 g Mandelhälften
4 El Rosenwasser
2 El Zucker

Zubereitungszeit:
ca. 30 Minuten
(plus Backzeit)

Den Backofen auf 160 °C (Umluft 140 °C) vorheizen. Ein Backblech mit Backpapier auslegen. Die **Marzipanrohmasse** mit dem **Eiweiß, Mehl, Puderzucker,** 1 Prise **Salz** zu einem Teig verkneten und mit angefeuchteten Händen zu 40 kegelförmigen Bällchen formen. Die Bällchen auf das Backblech setzen. An jedes Bällchen 3 **Mandelhälften** drücken. Die Bethmännchen im Ofen etwa 35 Minuten backen. Den **Zucker** im **Rosenwasser** unter Rühren auflösen. Die noch heißen Bethmännchen mit dem **Zuckerwasser** einstreichen und abkühlen lassen.

Zimtknusperchen

Für ca. 30 Stück

2 Eier

200 g grobkörniger Zucker

3 Tl Zimt

1 Msp. Gewürznelken (gemahlen)

65 g fein gehacktes Zitronat

75–100 g Mandeln (gemahlen)

250 g Mehl

2 gestrichene Tl Backpulver

1 Ei

75–100 g Mandeln (halbiert)

Zubereitungszeit: ca. 30 Minuten
(plus Backzeit)

Für den Teig die **Eier** mit dem Rührbesen des Handrührers auf höchster Stufe schaumig schlagen, **Zucker** unterrühren. **Zimt**, **Nelken**, **Zitronat** und gemahlene **Mandeln** unterrühren. **Mehl** mit **Backpulver** mischen, sieben, portionsweise auf mittlerer Stufe unterrühren, später auf der Arbeitsfläche unterkneten. Den Backofen auf 180 °C (Umluft 160 °C) vorheizen. Den Teig knapp 1/2 cm dick ausrollen, in Rechtecke (etwa 3 x 5 cm) schneiden, auf ein mit Backpapier belegtes Backblech legen. Im Backofen 12 bis 15 Minuten backen. Zum Bestreichen und Garnieren 1 kleines **Ei** verschlagen, die Teigrechtecke damit bestreichen und mit abgezogenen, halbierten **Mandeln** garnieren.

Die erkalteten Zimtknusperchen in gut schließende Dosen geben und etwa 10 Tage durchziehen lassen.

Die **Haselnüsse** auf einem Backblech im vorgeheizten Backofen bei 200 °C (Umluft 180 °C) auf der mittleren Einschubleiste 6 bis 9 Minuten rösten. Die **Kerne** in ein Sieb schütten, abkühlen lassen, die Häutchen abreiben. 250 g **Haselnüsse** durch die Mandelmühle drehen. Backofen auf 160 °C (Umluft 140 °C) schalten. Die gemahlenen **Nüsse, Eiweiß, Zucker, Vanillemark, Zitronenschale, Salz, Mehl** und **Kakao** in einen möglichst breiten Topf geben. Bei mittlerer Hitze ca. 10 Minuten erhitzen, aber nicht kochen. Ständig mit einem Holzspatel umrühren. Die **Oblaten** im Abstand von 3 bis 4 cm auf dem Backblech verteilen. Die ausgekühlte **Makronenmasse** in einen Spritzbeutel mit mittelgroßer Lochtülle füllen und in die Mitte der Oblaten ein Häufchen spritzen. Im Backofen auf der 2. Einschubleiste von unten etwa 20 Minuten backen. Danach auskühlen lassen. **Kuchenglasur** und **Kuvertüre** zerkleinern und im warmen Wasserbad auflösen. Auf jede **Makrone** 1 ganze Haselnuss setzen, dann die Makronen mit der **Schokolade** bestreichen

Haselnussmakronen

Für ca. 45 Stück

300 g Haselnüsse

6 Eiweiß (etwa 1/4 l)

400 g Zucker

Mark von 2 Vanilleschoten

1 Tl dünn abgeriebene Schale von 1 unbehandelten Zitrone

1 Prise Salz

1 El Mehl

1 El Kakaopulver

ca. 45 Backoblaten (5 cm Ø)

150 g dunkle Kuchenglasur

200 g Halbbitterkuvertüre

Zubereitungszeit: ca. 1 Stunde (plus Backzeit)

Mandelküsschen

Backofen auf 170 °C (Umluft 150 °C) vorheizen. Das **Eiweiß** mit den Quirlen des Handrührers zu sehr steifem Schnee schlagen. Den **Puderzucker**, die **Zitronenschale**, **Mandelstifte** und geriebene **Schokolade** darunterheben. Mit einem Esslöffel aus der Masse kleine Häufchen abstechen und auf die **Oblaten** setzen. Mit den **Mandelstiften** bestreuen und im heißen Ofen auf der mittleren Einschubleiste ca. 10 bis 15 Minuten backen.

Für ca. 30 Stück

4 Eiweiß

160 g Puderzucker

abgeriebene Schale von
1 unbehandelten Zitrone

120 g Mandelstifte

80 g Zartbitterschokolade (gerieben)

ca. 30 kleine Oblaten

ca. 30 g Mandelstifte

Zubereitungszeit: ca. 20 Minuten
(plus Backzeit)

Nussbaisers

Eiweiß leicht aufschlagen, nach und nach den **Puderzucker** einrieseln lassen und das Eiweiß zu steifem Schnee schlagen. Dann die **Speisestärke** unterrühren. Die gemahlenen **Nüsse** mit dem **Zimt** mischen und mit dem Schneebesen unter den Eischnee ziehen.

Die **Baisermasse** in einen Spritzbeutel mit kleiner Lochtülle füllen und etwa 100 kleine Häufchen (ca. 3 cm Ø) auf 2 mit Backpapier belegte Backbleche spritzen. Auf der mittleren Einschubleiste im vorgeheizten Backofen etwa 10 Minuten bei 175 °C (Umluft 155 °C) backen. Die Baisers auf einem Kuchengitter auskühlen lassen. **Nougat** im warmen Wasserbad schmelzen. Die Hälfte der Baisers auf der Unterseite damit bestreichen, ein 2. Baiser dagegensetzen. **Kuvertüre** und Kuchenglasur grob zerkleinern und im warmen Wasserbad schmelzen. Gut miteinander verrühren. Die zusammengesetzten **Baisers** zur Hälfte in die **Glasur** tauchen, abtropfen lassen. Die Glasur fest werden lassen.

Für ca. 50 Stück

5 Eiweiß
250 g Puderzucker
20 g Speisestärke
150 g Haselnüsse (gemahlen)
1 Tl Zimt
100 g Nougat
80 g Halbbitterkuvertüre
80 g dunkle Kuchenglasur

Zubereitungszeit: ca. 40 Minuten
(plus Backzeit)

Adventswürfel 38
American Cookies 98
Ananasplätzchen 32
Anisfinger 118
Anisplätzchen 76
Apfeldukaten 30
Aprikosen-Kokos-Makronen 60
Baiserherzen 124
Bananensterne 18
Bärentatzen 26
Basler Leckerli 92
Baumkuchenspitzen 64
Bethmännchen 134
Brownies 112
Cappuccinokipferln 108
Cashew-Walnuss-Plätzchen 130
Cornflakes-Cookies 100
Cranberrytaler 114
Elisen-Lebkuchen 86
Erdnussbutterplätzchen 116
Erdnusstaler 132
Feigenschnitten 104
Geleeherzen 106
Gewürzspekulatius 74
Glückskuchen 110
Haselnussmakronen 138
Honigkuchen 84
Ingwerplätzchen 122
Krokantcookies 102
Kürbiskernsplitter 126
Lebkuchenfiguren 82
Lebkuchenschnecken 88
Mandelküsschen 140
Mandelmakronen 58
Marzipanfiguren 10
Marzipanspekulatius 50
Minzplätzchen 14
Mohnplätzchen 42
Mürbchen 70
Muzenmandeln 78
Nikolausstiefel 22
Nougatherzen 34
Nürnberger Lebkuchen 90
Nussbaisers 142
Nuss-Spiralen 72
Orangensterne 20
Pfefferkuchen 62
Pfeffernüsse 94
Plätzchen mit Nougatcreme 28
Printen 56
Sandplätzchen 12
Schokoecken 36
Schokoladenherzen 16
Schoko-Pfeffer-Sterne 24
Schwarz-Weiß-Gebäck 46
Shortbreadfingers 120
Spitzbuben 66
Spitzkuchen 68
Spritzgebäck 48
Stutensterne 54
Vanillekipferln 52
Weihnachtsbäumchen 128
Zimtknusperchen 136
Zimtsterne 44